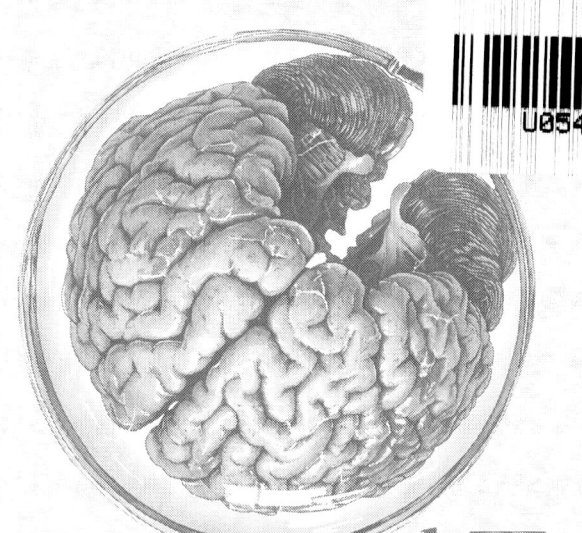

Nonverbal Truth
非語言真相
用觀察力解讀人心

捕捉情緒、看透意圖、識破謊言……掌握肢體語言，打造高情商的人際交往術

全面提升社交效率，
輕鬆駕馭生活圈中的複雜關係！

趙一——著

想成為獨具慧眼的識謊專家？抑或是高情商的「萬人迷」？
那就必須掌握「小動作」背後的訊息！

目錄

前言	005
第一章 表情密碼：從臉讀懂內心	009
第二章 肢體語言：洞察細節中的意圖	043
第三章 身體密碼：從姿態解讀性格	073
第四章 真相之眼：拆穿謊言的實用技巧	103
第五章 品味之窗：生活習慣與內心世界的對應	135

目 錄

第六章
喜好剖析：從興趣洞見真實性格 167

第七章
贏得好感：從暗語到人心的連結 197

第八章
職場攻略：微動作的潛規則 221

第九章
男女心機：性別溝通的心理策略 251

前言

沒看過《謊言終結者》（*Lie to me*）？沒聽說過「微表情」？不懂真正的「小動作」？我敢肯定，你一定不是一位獨具慧眼的識謊專家，也不是一個高情商的「萬人迷」。因為在日常的溝通中，我們的情感表達只有 7% 來自言語，其他絕大部分都屬於微動作的範疇。只有善於解讀並利用微動作，學會「讀懂」與「控制」，你才能了解真實的自己，看穿他人的內心，掌控局面，掌控人生！

很多年前，已故知名肢體語言交流專家瑞依‧伯德威斯特爾教授（Ray L. Birdwhistell）與一個年輕人討論他的著作。當教授問年輕人對這本書的意見時，年輕人揉著鼻子，說他非常喜歡這本書。伯德威斯特爾教授見此情景，笑著說：「你說謊，其實你一點都不喜歡這本書。」年輕人愣住了，但他並不明白自己是怎麼露出馬腳的，只好承認自己只讀了該書幾頁內容，就發現「寫的東西真的很乏味」。

到底是怎麼回事呢？這就要怪那個年輕人在肢體語言交流專家面前揉鼻子了。因為碰觸或輕輕地擦鼻子（通常用食指）是撒謊的典型動作。

幾位科學家還深入研究了柯林頓就陸文斯基事件向陪審團陳述證詞時的狀態。他們發現，柯林頓在說真話時很少碰觸自

前言

己的鼻子，但只要一撒謊，他的眉頭就會在謊言出口之前不經意地微微一皺，而且每四分鐘碰觸鼻子一次——在陳述證詞期間，他碰觸鼻子的總數高達 26 次。事實上，觀察周遭人們對我們而言是極具吸引力的消遣。在購物中心、談判桌上、會議、社交聚會等公共場合，我們都會時不時地觀察別人。如果你也一樣，就會發現自己正在猜測別人的心理：為什麼他會表現出這樣的行為或做出這個決定？

比如，某人吐舌頭扮鬼臉或歪著腦袋，就表示他有某種特定的想法或情緒。不管他是否開口說話，他的身體動作所傳達的訊息會充分反映出他當時的想法和感受。即使他說話了，在多數情況下，我們也應該同時關注他的肢體語言所傳達出的訊息，這樣才能確認他所說的話是否真實。

加拿大心理學家唐納德・赫布（Donald Olding Hebb）如是說：「當我說我很生氣時，我有可能是真生氣，也可能是說謊，還有可能是害怕或嫉妒，抑或兼具上述情感。透過觀察肢體語言，能更精準地判斷出人的真實感情。」

意識到微動作背後的情感和意圖，會對你的生活很有幫助。按照本書提供的讀心技巧多多練習，你就能清楚地知道是什麼激發了人們的這些行為。有了這份深入的了解，你就能夠非常專業、輕鬆、有效率地處理好各種人際關係。

在現實世界裡，人際關係紛繁複雜，形勢瞬息萬變。只要

生存，我們就必須與形形色色的人溝通與交往。而想要在社交場合左右逢源，你就必須會讀人——讀上司、讀同事、讀家人、讀朋友、讀鄰居……讀周遭與自己有關和無關的所有人。

正如美國知名人際行為學家喬治・沃爾夫（George Wolf）所說：「你周遭的人們是一個複雜的集合體。他們既是你必不可少的生活夥伴，又是你需要留心的對手。只有靠自己的眼力和心力，才能『解剖』其所言、其所想、其所行。否則，即使你的防護盾牌再堅固，也會被人射穿。」

透過閱讀本書，你將學會如何訓練自己更細緻地觀察周遭人物的非語言訊息，你將開始學習用眼睛去「聆聽」，並仔細思索人們用手勢或表情傳達出來的意涵。同時，你還會掌握如何運用肢體語言來改善自己的人際關係。

解讀人們的肢體語言能夠讓你收穫良多，但是請切記一點：不要認為經過幾次實踐，你就掌握了非語言交流的精髓，於是開始驕傲自滿，這是很嚴重的錯誤。千萬不能根據一些膚淺的解讀和幾次實踐就得出最後的結論。我們應該以「活到老，學到老」的態度學習人類的行為，以便更深入地了解自己和他人。所以，不要想著一步登天。

因為人的行為包含了許多變數，所以我們應該根據行為或人的複雜程度，密切關注其每一天或者每一週發生的變化。請時刻牢記，「微動作心理學」是一門觀察藝術，而非一門學科。

前言

除此之外，你還必須了解自己的身體以及相關學科，這樣才能創造奇蹟。

還等什麼，改變人生，從現在開始修練！

第一章　表情密碼：
從臉讀懂內心

第一章　表情密碼：從臉讀懂內心

七種全球通用的表情模式

美國著名心理專家保羅・艾克曼（Paul Ekman）研究了不同的精神狀態對人們的影響，以及這種精神狀態如何反映到人的外表上。艾克曼發現，有七種基本情感的表達方式是全球通用的。它們分別是：驚訝、悲傷、憤怒、害怕、快樂、厭惡以及輕蔑。

◆ 驚訝

驚訝是人持續時間最短的感情。人們在吃驚或有防備的時候，會把眼睛睜得特別大，露出虹膜（俗稱「黑眼珠」）之上的鞏膜（眼白）；還會有一些臉部表情，例如，眉毛抬起，且向上彎曲，而下顎下垂，雙唇分開，年紀大的人的前額還會出現許多皺紋。看到這些臉部變化後，你就可以完全肯定，這個人正在震驚中。

◆ 悲傷

和驚訝相反，悲傷是人持續時間最長的感情。很多事情都可以讓我們感到悲傷：當你因為種種原因要和心愛的人分別的時候，當你因為自己的失誤而丟掉了一份寶貴工作的時候，都會產生悲傷的感情。當臉部表情表現出悲傷的時候，你會得到他人的安慰、幫助、鼓勵等等。

社會氛圍讓男人不敢輕易表現自己的悲傷，他們總是強顏歡

笑。但是表情不會騙人，強顏歡笑是很難掩飾的。悲傷的一大特點是臉部肌肉鬆弛；此外，眉頭緊縮或揚起，眉心產生垂直的皺紋；上眼皮內側抬起，形成三角形；下眼皮也可能會受到影響，變得緊繃；嘴角會向下垂。

◆ 憤怒

我們感到憤怒常常是因為某件事或者某個人干擾了我們想做某件事的打算；有時候，我們也會對自己感到生氣；想法遭到別人否決時，我們也會憤怒。憤怒是一種危險的感情，經常伴隨著想要傷害別人的衝動。當然憤怒也有一定的好處，它可以成為我們改變某件事情的動力。

當一個人憤怒的時候，他的眉毛會緊縮或者下垂，眉心有皺紋，但是前額不會有。從嘴巴上來看，雙唇緊閉也是憤怒的訊號。當某個人因為憤怒而直視著另一個人，表現出緊張的眼部狀態時，他的上下眼皮都會很緊繃，眼睛瞇成一條縫。他用眼睛瞪著別人，用以宣洩內心的不滿，甚至達到嚇唬對方，或威脅對方的目的。

◆ 恐懼

對我們的心理或者身體造成傷害的事情，都會讓我們產生恐懼的情感。從生物學意義上來說，恐懼能讓我們迅速逃離危險。我們的眼睛會一眨也不眨地睜著，好像要把那預示著危險迫近的最細微動作都看得一清二楚。這種狀態下，感到恐懼的人臉

第一章　表情密碼：從臉讀懂內心

部表情會很不一樣，他們的眉毛抬起並鎖在一起，嘴巴緊繃而且縮起。

✦ 厭惡

你知道厭惡的表情是什麼樣子的嗎？不妨開始這樣的想像：你需要準備兩樣東西，一個玻璃杯，一口口水；現在想像你吐一口口水到玻璃杯裡面，然後喝下去。這樣的想像很可能會讓你出現厭惡的表情。厭惡是一種非常強烈的情感，反映到臉上，也是非常明顯的表情。

厭惡的表情很少會用到眉毛和前額，只會用到臉的下半部，所以厭惡也是一種很容易假裝的表情。判斷一個人的厭惡是真是假，可以透過觀察他的鼻子。如果鼻梁上出現了皺紋，就表示他真的產生了厭惡之情。

✦ 輕蔑

輕蔑和厭惡密切相關，我們不會對物產生輕蔑之情，只會對人。我們通常想讓那些我們輕蔑的人感到我們自身的優越感。當一個人有輕蔑的感情時，他的嘴角會拉緊並且上揚，形成帶點邪氣的微笑，鼻子可能還會發出哼的聲音，或是眼睛往下看。

✦ 快樂

什麼東西會讓我們感受到快樂呢？美麗的鳥兒、孩子的笑

聲、花朵的芳香都會讓快樂之感油然而生。對於快樂，人們似乎更主要以聲音來表現，比如快樂地大叫、快樂地笑，臉部變化則沒有那麼明顯。

真笑和假笑之間也有著明顯的區別。真笑時，會用到兩塊主要的肌肉：顴骨肌和眼輪匝肌。顴骨肌使嘴角上揚；眼輪匝肌讓眼睛周圍變得緊繃。假笑的時候，不會用到眼輪匝肌。因此我們在形容某個人假笑的時候常常說：「他的嘴在笑，但是眼睛沒有笑。」

懷疑動作：眉毛上揚的教授

眉毛的主要功用是防止汗水和雨水滴進眼睛裡，除此之外，眉毛的一舉一動也代表著一定的含義。可以說，人的喜怒哀樂、七情六欲都可從眉毛上表現出來。

畢業論文答辯上，小吳發現自己在陳述時，一名評分教授的一邊眉毛一直在上揚。這一動作讓小吳分外緊張，她開始強烈地懷疑自己的論文水準。答辯結束以後，很多同學都提到了一邊眉毛上揚的教授。看來這個教授在聽每個人的答辯時都眉毛上揚。

如果這位教授只對小吳做出了這個表情，那麼表示他是在懷疑，可能他並不認同小吳的論點。但所有的同學都反映這個

第一章 表情密碼：從臉讀懂內心

問題，眉毛上揚的動作很可能就只是他的習慣。兩邊眉毛一邊降低，一邊上揚，傳達的訊息介於揚眉和低眉之間，半邊臉激動，半邊臉恐懼。一邊眉毛上揚通常表示這個人處於懷疑的狀態，或者正在思考問題，揚起的那條眉毛就像是一個問號。

每當我們的心情有所改變時，眉毛的形狀也會跟著改變，從而產生許多不同的重要訊號。眉飛色舞、眉開眼笑、眉目傳情、喜上眉梢等成語都從不同方面表達了眉毛在表情達意、思想交流中的奇妙作用。在第一次見面時，觀察對方眉毛的一舉一動，就可以把對方的性格猜個八九不離十。你若是精明的人，就會很容易捕捉到以下的細節：

✦ **低眉**

低眉是一個人受到侵害時的表情，防護性的低眉是為了保護眼睛避免受到外界的傷害。

在遭遇危險時，光是低眉還不夠保護眼睛，還得將眼睛下面的臉頰往上擠，以盡最大可能提供保護；這時眼睛仍保持睜開並注意外界動靜。這種上下壓擠的形式，是面臨外界襲擊時的典型退避反應，眼睛突然被強光照射時也會有如此反應。當人們情緒激動，如大哭、大笑或感到極度噁心時，也會產生這樣的反應。

✦ **眉毛打結**

指眉毛同時上揚並相互趨近。這種表情通常代表嚴重的煩惱

和憂慮，有些慢性疼痛的患者也會如此——急性劇痛則會產生低眉且臉孔扭曲的反應。

◆ 聳眉

聳眉可見於某些人說話時。人們在熱烈談話時，大多都會重複做一些小動作以強調所說的話。大多數人講到要點時，會不斷聳起眉毛，那些習慣性抱怨者絮絮叨叨時就會這樣。如果你想透過對方的臉部表情了解一些潛在訊息，眉毛就是很好的選擇。

◆ 輕抬眉毛

《六人行》裡的主角之一喬伊，因其豐富、幽默的臉部表情使觀眾留下了深刻的印象。他不善言辭，經常話到嘴邊卻不知道用什麼詞彙來表達，但他豐富有趣的臉部表情卻準確地傳達出了自己的想法。當他遇到心儀的美女時，會微笑著輕抬一下眉毛，不用說話，對方就知道他對自己有好感。

輕抬眉毛的動作在遠古時代就已經廣泛使用了。當你向距離稍遠的人打招呼的時候，會不由自主地做出這個動作，迅速地輕輕抬一下眉毛，瞬間又回到原位。這個動作可以把別人的注意力吸引到你的臉上，讓他明白你正在向他問好。

眉毛雖然只是人臉部很小的一部分，但卻有很大的作用，它的一動一靜，都會在無形中透露你的心境。

第一章　表情密碼：從臉讀懂內心

鄙視動作：目光告訴你的那些祕密

許多電影裡都有這樣的搞笑鏡頭：犯錯的年輕女孩低眉順從地站立著，一個保守、嚴厲的老學究從眼鏡框上方打量著她，久久不說話……如果你遇到目光從眼鏡框上方延伸出來的人，這表示他對你所說的話充滿了懷疑，他希望可以從你的情緒反應中證實話語的可信度，這是對你審視的表現。

眼神各式各樣。從眼鏡框上方透出的眼神往往是冷冷的，帶著拒絕交流的意涵，是一種不太客氣、心懷戒備的注視。一般來說，從眼鏡框上方看人往往不是正視，而是用斜上方的目光看人或是餘光掃視，有這種習慣的人一般都是刻板、保守、斤斤計較、心存鄙視的人。他們的目光表露出來的是輕視一切、懷疑一切，有一些人甚至帶著性格上的缺陷。

這樣的人也可能用眼神表達指責。如果你從他的身邊走過，他往往先看看你的頭，又看看你的腳，可能還會輕輕地撇撇嘴，那麼他的眼神就是在指責你，你的動作引起了他的不滿。以眼神指責往往不太顯眼，比較客氣。當然，也有一些戴著老花眼鏡的人，僅僅是為了從眼鏡上方看清外面的世界，這樣的人不在此列。

米歇爾・阿基利認為，一個人在與他人進行交談的過程中，視線朝向對方臉部的時間約占據雙方談話時間的30％～

60% 左右。因此，在面對面交流中，對方的目光能讓你輕易了解他是個什麼類型的人。

✦ 目光左右移動是缺乏安全感的表現

內心缺乏安全感的人，目光常常左右移動，這說明他們的生活正處於不安的狀態，這樣的心理會讓他們感覺到不舒服。這些人常常覺得缺乏自信，習慣自欺欺人，嚴重者甚至有被迫害妄想症。

✦ 目光總是不規則移動是不懷好意的表現

如果有人在和你交談的時候，目光總是不規則地移動，就會讓你覺得這是一個不正經、不可信或心懷歹意的人。實際上，這不只是一種感覺，有上述行為的人也許正準備設下圈套來陷害你。如果他是你的親友，也許是在盤算著一場惡作劇來使你上當。

✦ 翻白眼的怪異目光是懷疑和輕視的表現

在和你談話的過程中，如果對方時不時地翻白眼並且用怪異的目光看你，或者忽然間用銳利的目光盯著你，這表示他對你有所懷疑或輕視。他想透過這樣的目光來測試你的情緒反應，從而證實他對你的猜測。還有一些性格有缺陷的人，也習慣用怪異的目光看人。

綜上所述，了解人類的靈魂之窗，就能在他人的注視下應對自如，你也可以最大限度地接收到別人眼神傳遞出來的訊息。

第一章　表情密碼：從臉讀懂內心

喜歡動作：瞳孔裡的愛

日常生活中，我們很容易觀察到別人的手勢、坐姿、表情等肢體語言，而對於眼睛的觀察只是停留在黯淡無光或是炯炯有神的層面上。其實人的瞳孔裡還有很多值得我們去發掘的訊息。人的眼睛透過數條神經連接到大腦，它們從外部獲取資訊，然後透過神經把資訊傳遞給大腦。受到刺激的大腦又回饋訊息給瞳孔，於是人的心理就在瞳孔上表露出來。如果說眼睛是心靈之窗，那麼瞳孔就是窗內的風景。

芝加哥大學研究瞳孔運動的心理學家埃克哈特‧赫斯（Eckhard H. Hess）發現，瞳孔大小是由人們情緒的整體狀態決定的。如果有一天，你興致勃勃地和某人聊天，發現對方瞳孔擴張，這表明他對你的話非常感興趣，你可以繼續發表言論。

曉月在電腦商場賣電腦，她向顧客推薦新產品時，會一邊介紹，一邊留意顧客瞳孔的變化。如果她發現顧客在聽她講解的時候瞳孔明顯變大，心裡就會竊喜，因為她知道推銷成功了。顧客對她的談話和推薦的商品都很感興趣，她會把價錢出得高一點。

從此例子可以看出，一個人對你的談話內容是否感興趣，會反映在他的瞳孔上。當一個人處於興奮、高興的情緒狀態時，其瞳孔就會明顯變大。反之，當一個人處於悲觀、失望的情緒狀

態時，其瞳孔就會明顯縮小。據此，細心的你可以透過他人瞳孔的變化，發現生活中的其他有趣現象。

例如，一個異性戀者，不管是男人還是女人，只要看到異性明星的海報，瞳孔便會擴張；但若看到同性明星的海報，瞳孔就會收縮。同樣地，當人們看到令人心情愉快或是痛苦的東西時，瞳孔也會產生類似反應。比如，看到美食和政界要人時瞳孔會擴張；反之，看到殘疾兒童和戰爭場面時瞳孔會收縮。在極度恐慌和極度興奮時，瞳孔甚至可能比常態擴大四倍以上。

多年前在美國進行的一項瞳孔研究調查顯示，當男人們觀看色情電影時，瞳孔會擴大到原先尺寸的三倍。而女人們則是在看到媽媽和嬰兒嬉戲的圖片時，瞳孔擴張最為明顯。嬰兒和幼童的瞳孔比成年人的大，而且只要有父母在場，他們的瞳孔就會始終保持擴張狀態，流露出無比渴望的神情，從而持續吸引父母的關注。

一般來說，當人們看到對情緒有刺激作用的東西時，瞳孔就會發生變化。赫斯還指出，瞳孔的擴張也與心理變化有密切關係。例如，某個工程師正在絞盡腦汁努力解決某個技術難題，當這一難題終於被攻破的那一剎那，這位工程師的瞳孔就會擴張到最大尺寸。

很多玩牌的高手之所以能屢戰屢勝，最主要的原因就在於他們善於透過觀察對手看牌時瞳孔的變化來揣摩對方手牌的好

第一章　表情密碼：從臉讀懂內心

壞。如果發現對方看牌時瞳孔明顯擴大，則基本上可以斷定對方拿了一手好牌；反之，當他發現對方看牌時瞳孔明顯縮小，又可以斷定對方的牌可能不太好。如此一來，自己該跟進還是該棄牌，心裡也就有底了。如果對手戴上一副大墨鏡，那些玩牌的高手可能會叫苦不迭。因為他們不能透過窺探對方瞳孔的變化來推斷牌的好壞。如此一來，他們的勝率肯定會直線下降。

這一點還表現在男女約會上。如果你的約會對象在注視你的時候，眼神溫柔，瞳孔擴大，那基本上可以斷定他是喜歡你的。關於瞳孔擴張的這一發現被引入了商業領域，人們發現瞳孔擴張會令廣告模特兒顯得更有吸引力，從而吸引更多顧客購買商品。因此，商家通常會將廣告照片上模特兒的瞳孔尺寸修得更大一些，有助於提升產品的銷量。

有句老話說，在和別人說話時，要看著對方的眼睛。是的，如果他在和你交談時瞳孔擴張，那真是恭喜你，這表明他對你的發言很感興趣。下次，要好好看看對方的瞳孔，因為瞳孔從不說謊。

厭惡動作：不是祕密的祕密

視線是一個人流露心理訊息的途徑，只要我們仔細觀察，就不難發現這個不是祕密的祕密。視線表達關心，被視線關注

的人會自然地用心聆聽凝視者的話。而視線還有其他的魔力，透過視線，你可以了解他人的心態和情感。

當你發現別人竭力避開你的視線或者眨眼時間拉長的時候，肯定是有什麼事情讓他們覺得不對勁。也許他不喜歡你，或者對你不感興趣；也許是在自我保護，或者有事隱瞞；也有可能是不知道怎麼面對你，或者僅僅是害怕你。

如果對方快要跟你眼神交會時，突然避開你的視線，雖然表面上沒有拒絕跟你說話，卻已經散發出不想再繼續交談下去的訊號了。對方既不想再聽你說話，也沒有認同你的意思。如果某人避開視線還故意讓你看出來，這樣的人比較極端，對你抱有敵意與嫌惡，而且毫不隱藏地表現出來。如果在談話期間視線一直不肯和你有交集，恐怕是因為對方討厭你，或者不想被你左右。

心理學家丹尼爾‧高曼（Daniel Goleman）曾說過：「敢於與對方做眼神接觸表現出可信和誠實；缺乏或怯於與對方進行眼神接觸，可以解釋為不感興趣、無動於衷、粗蠻無禮，或者是詐欺虛偽。」事實也往往如此。一家醫院在收到大約 1,000 封患者的投訴信後，分析投訴原因並歸納出，大約 90% 的投訴都與醫生與患者缺乏眼神接觸有關，而這種情況往往被認為是「缺乏人道主義精神或是同情心」。

為什麼有些人說話令你感到舒服，而有些人說話卻會令你

第一章　表情密碼：從臉讀懂內心

感到不自在，還有一些人在說話時甚至會讓你懷疑他們的誠信？這是因為眼睛能夠透露出人們內心的想法。面對面談話的兩個人如果彼此多注視對方的眼睛，那就代表他們對彼此都很感興趣，或者對所談的話題有熱情。相反地，如果話不投機，彼此就會盡量避免注視對方。

當然，如果他不喜歡你，也可以透過拉長眨眼時間來傳達討厭你的訊號。在正常的條件下，一個人眨眼的頻率是 1～3 次／分鐘，每次閉眼的時間也僅僅為 0.1 秒。但是，在某些特殊的情況下，為了特定目的或是為了表達特殊的情感，可以故意延長眨眼的時間。如果你湊巧遇到某個人對你這樣做，就得留意他此舉的含義了。

這裡所說的拉長時間，並非指他迅速地眨眼，再隔很長一段時間之後進行下一次的眨眼動作，而是每一次眨眼動作的時間被拉長。要實現這個結果，人們在每次眨眼時，眼睛閉上的時間就會遠遠長於正常情況的 0.1 秒。

為什麼會出現這種情況？他自己可能並沒有意識到這個動作，只是潛意識裡這樣做了。事實上是因為他對你感覺厭倦，覺得與你談話很無趣。在談話中如果發現對方對自己做出這樣的行為，我們就需要確認自己的談話內容是否實在無法引起他的興趣。因為這種動作表明，他已經不想再跟你繼續討論下去，所以他每次眨眼時，眼睛會閉上 1～2 秒、甚至更長的時間，希望你從他的視線中消失。如果你發現你在講話時，你的對談

者開始有了拉長眨眼時間的行為,甚至同時伴有呵欠,你就可以結束這次對話了。

難怪美國哲學家愛默生(Ralph Waldo Emerson)說:「人的眼睛比嘴巴說的話更多。不需要語句,我們就能從彼此的眼睛了解整個世界。」

生氣動作:為什麼黑猩猩發怒時鼻孔會擴張

有位研究肢體語言的學者為了弄清鼻子的「表情」問題,在車站、碼頭、機場等不同的地方觀察各種鼻子,特地進行了一趟觀察「鼻語」的旅行。據他觀察,人的鼻子是會動的。例如,在你和別人溝通的過程中,如果對方鼻孔擴張,表明他的情緒非常高漲、激動,他正處於非常得意、興奮或者是氣憤的狀態。從醫學的角度來看,人在興奮和氣憤的情況下,呼吸和心跳會加速,從而引起鼻孔擴張。

不只是人類,動物有時也會用鼻子來表達情緒。在動物的世界裡,如果你仔細觀察的話,一定會發現大多數動物喜歡用齜牙和擴張鼻孔來向對方傳遞攻擊訊號。尤其是像黑猩猩這樣的靈長類動物,每當牠們生氣發怒的時候,往往會將鼻孔擴張得很大。從生理學來說,牠們這樣做是為了讓肺部吸入更多的氧氣。但是,從心理學來說,它們正處於情緒高漲的狀態,這是

第一章　表情密碼：從臉讀懂內心

在為戰鬥或逃跑做準備。

除了鼻孔擴張之外，還有歪鼻子，這表示不信任；鼻子抖動是緊張的表現；嗤之以鼻則含有排斥的含意。此外，在受異味或香味刺激時，鼻孔也會有明顯的動作，嚴重時，整個鼻子會微微地顫動，接下來往往就會出現打噴嚏現象。

研究還發現，凡是鼻梁很高的人，多少都有某種優越感，很容易表現出情緒高漲、飽滿的狀態。關於這一點，有些影視界的女明星表現得最為突出。與這類「鼻子挺」的人打交道，比跟鼻梁低的人打交道要稍難一些。而在思考難題、極度疲勞或情緒低落的時候，人們會用手捏鼻梁。這些鼻孔的變化、碰觸鼻子的動作，是了解肢體語言的法寶。讓我們透過鼻子微小的變化來看看更多不為人知的肢體語言訊息吧。

✦ 鼻頭冒出汗珠

這表明對方心裡焦躁或緊張。他的個性比較剛強，做事有些急於求成。因為心情焦急緊張，鼻頭才會出汗。

✦ 鼻子泛白

這表示他的心裡有所恐懼或顧忌。如果他不是你的對手或與你無利害關係，鼻子泛白是由躊躇、猶豫的心情所致。另外，在自尊心受損、心中困惑、有點罪惡感、感到尷尬時，也會出現鼻子泛白的情形。

✦ 鼻頭紅

這種情況多與健康狀況有關，比如長期飲酒、過度食用辛辣食物、皮膚過敏等。除了這些，鼻頭發紅也有可能是因為心血管疾病或者是肝功能異常；如果鼻子呈現藍色或棕色，要當心臟、胰臟和脾臟的毛病；如果鼻頭發黑又乾燥，則有可能是縱慾過度了。

由此可見，鼻子雖然是人體五官中最缺乏動作的部位，但也有著自己的語言。當你觀察一個人時，不妨從鼻子語言入手，進而看透對方。

傲慢動作：下巴的角度是態度的分水嶺

當你向一群人發表自己的意見時，如果留心觀察一下他們，可能會發現這個有趣的現象：在你發言的過程中，有很多人會把手放在臉頰上，擺出一副打量的姿勢。當你的發言接近尾聲，請他們對你剛才的發言發表意見時，有趣的現象便開始出現了，他們會迅速結束自己原先的打量姿勢，將手移到下巴處，並輕輕地撫摸下巴。這時，每個人下巴的角度又都是不同的。

下巴的動作一般分為抬高下巴和縮起下巴。下巴的角度不同，所代表的態度也不同，這可能會暗示他們的決定是正面的還是負面的。你的最佳策略就是冷靜地觀察他們的下一個動作。

第一章　表情密碼：從臉讀懂內心

　　如果他們在撫摸下巴之後，將自己的手臂和腳交叉起來，並將身體後仰、靠在椅子上，將下巴抬高，那麼，他們的最終決定可能是否定的。一旦出現此種情況，你大可不必驚慌，因為事情還沒有到完全無法挽回的地步。此時你應迅速徵求一下他們的意見，請他們說出心中的疑惑、不滿，然後一一解答。這樣一來，那些原來心存疑惑、感到不滿的聽眾很可能會改變他們的決定。

　　如果他們在輕輕撫摸自己的下巴後，身體向後靠，同時手臂張開，下巴的弧線內縮，這就表明他們的決定很可能是肯定的。一旦出現此種情況，你就可以繼續在臺上盡情地「縱橫馳騁」了。

　　下巴的動作除了關係到對方態度的認可與否定外，下巴的角度還和威嚴感、傲慢有關。我們觀察以動作片聞名的男影星的海報時就可以發現，他們總是以抬高下巴來顯示自己的雄性特徵。抬高下巴的姿勢大多會呈現盛氣凌人的感覺。

　　女總裁出差時與下榻的飯店服務人員發生了一點爭執。她坐在沙發上，對方站在她的對面。女總裁說：「你不用說了，把你們經理找來。」她說話時，下巴高高抬起，但並不是為了把視線落在站著的服務生身上，因為她望向了另一邊。

　　當對方的視線位置比我們高時，我們可能會抬起頭來與他講話。但這個女總裁顯然不是為了這個目的才抬高下巴的。她顯示出自認為高人一等的傲慢態度，昂起的下巴和望向另一**邊**

的視線都在向對方表示「沒有興趣繼續談話」。

用抬高下巴表示高人一等也自有淵源。我們必須承認高度對一個人的氣度影響很深，雖然這不是絕對的。比如，領導者的身高對形象塑造有著非常重要的影響。軍事院校指揮科系的學員選拔中，身高就是很重要的參考指標。身高通常都是先天決定的，無法改變。但人們樂於從細節上來提升身高，比如抬高下巴。動作者潛意識裡想要比對方高出一些來，於是用伸長脖子並且抬高下巴的姿勢來強調。

而相反地，下巴縮起則代表小心翼翼的畏懼感。愛縮起下巴的人與喜歡抬高下巴的傲慢人士性格截然相反。他們比較謹言慎行，凡事都很小心，所以能夠做好手頭上的工作。但他們只注重自己眼前的工作，相對保守和傳統。

下巴的動作雖然微小，卻可以表情達意、反映內心。

◆ 表示憤怒的下巴

憤怒的人往往會向前撅著下巴。撅下巴通常表達威脅和敵意。觀察那些不聽話的小孩，在回答「不」之前，他們做的第一件事就是挑戰般地撅起下巴。

◆ 表示厭倦的下巴

當你看到對方手掌張開，輕叩下巴數次，這表示他正感到十分厭煩。最初這一動作只表示某人吃飽喝足沒事做。現在，它更多在暗示厭倦感。

第一章 表情密碼：從臉讀懂內心

◆ 表示全神貫注的下巴

當你看到有人輕輕地、緩慢地撫摸下巴，就像摸著鬍鬚一樣，最好不要輕易打擾，這表明此人正在集中精力思索或聆聽。

下巴的角度是態度的分水嶺，是了解個性的媒介。如果你想了解自己是被接納還是被拒之千里，那麼看看對方的下巴吧！

煩躁動作：點頭如搗蒜，表示他聽煩了

點頭是最常見的肢體語言之一，它可以表達自己肯定的態度，從而激發對方的肯定態度，還可以增進彼此的情感交流。點頭能夠表達順從、同意和讚賞的含義，但並非所有類型的點頭舉動都能準確傳達出這一含義。點頭的頻率不同，所代表的含義就有可能不同。

緩慢的點頭動作表示聆聽者對談話內容很感興趣。當你述說觀點時，你的交談對象偶爾慢慢地點兩下頭，這樣的動作表達了對談話內容的重視。同時因為每次點頭間隔時間較長，還表現出一種若有所思的神情。如果你在發言時發現交談對象很頻繁地快速點頭，不要得意，因為對方並非贊同你的觀點。他很可能已經聽得不耐煩了，只想為自己爭取發言權，繼而結束談話。

煩躁動作：點頭如搗蒜，表示他聽煩了

剛剛大學畢業的明宇去一家公司面試，負責面試的是一個年輕女孩。問了幾個常規問題後，她話鋒一轉問起明宇的興趣愛好。明宇隨意聊了幾句法國小說，張口雨果閉口巴爾札克地和她聊了起來。年輕考官好像很感興趣，一直對他點頭。明宇受到了鼓舞。話題輕鬆，談的又是明宇的「強項」，他有些有恃無恐。剛進大學有陣子相當熱衷於歐洲小說，還真幫上大忙。見考官大人這麼有興致，明宇當然奉陪。

眼看臨近中午，年輕的面試官不停地點頭，不停地看錶，明宇還沒有停下來的意思。原定半小時的面試，他們談了一個多鐘頭。面試結束，考官笑著說：「回去等消息吧。」明宇也笑著回應：「希望以後有機會再聊。」明宇回去悠悠哉哉地等，最終也沒有等到複試的通知。

從這個例子可以看出，談話對象在你發言的時候不停地點頭，往往不是對你十分贊同，而是覺得你說話太囉唆，只是想藉助這個動作讓你不要再多說。明宇在發言的時候，不顧及他人肢體語言傳達出的感受，一廂情願地侃侃而談，如此會錯意又怎麼會有好的談話效果？

同時，經過心理學家的實驗證實，當對方做「點頭如搗蒜」這個動作時，他其實很難聽清楚你在說什麼。在小孩子身上也能經常見到這樣的動作。當父母嘮叨「你不能……」的時候，孩子會頻頻點頭，嘴裡唸叨著「知道了，知道了」。這種動作暗示的恐怕是答應得快，忘記得更快。

第一章　表情密碼：從臉讀懂內心

　　如果對方是真正贊同地點頭，他會在你說完話後，緩慢地點頭一到兩下，表示他是在用心聽你說話。如果他希望你繼續提供資訊，會在你談話停頓時，緩慢而連續地點頭，鼓勵你繼續說下去。點頭的動作具有相當的感染力，能對人的心理形成正向暗示。因為肢體語言是人們的內在情感在無意間所做出的外在反應，所以，不論他的態度是正面還是負面，都會在你說話的時候做出相應的點頭頻率。

憤怒動作：很生氣，握緊拳頭想揍人

　　著名的人際關係大師亞倫・皮斯（Allan Pease）在幼年時已經學會了一套察言觀色的本領。他曾經上門推銷橡膠海綿，並且知道當對方的手心展開時，就可以繼續推銷；而如果對方雖然表面上和氣，卻攢緊了拳頭，自己就要馬上離開，免得浪費時間。

　　握緊拳頭是指在交談的過程中，對方兩手握拳的時間較長。最常見的是兩手握拳於身後呈叉腰狀；或者雙手緊握抱胸，而不是像平時那樣手掌張開；或者是兩手握拳，撐在下顎處。

　　握緊拳頭在心理學上代表武裝姿勢。美國心理學家布萊德・布希曼（Brad J. Bushman）經過研究證實，在多數情況下，一個人做出此種手勢其實並不代表他非常有自信；與之相反，它代表此人正處於焦慮、緊張或者是失望、悲觀的情緒之中。例

如，當一個人將雙臂環抱於胸前，還加上雙拳緊握這個細節動作時，往往代表強烈的敵意。

如果有人在和你交談的過程中握緊拳頭，可以推斷出，他心裡很討厭你。這樣的人有著明顯的防禦意識，緊握的雙拳暗示他在極力克制自己的情緒。你也可以從他的其他肢體語言看出這一點，比如眉頭緊皺，甚至脖子上青筋浮現。如果此時你激怒他，他會由這種顯示敵意的狀態真正轉變為敵意爆發的狀態。

王明和小張是大學室友。4月1號那天，王明偷拿了小張的論文。在小張焦急地尋找論文時，王明拿出論文，說：「你也太笨了，就放在你的枕頭下面啊。」小張不由自主地握緊了拳頭，手上的青筋突起。王明並不在意，繼續和其他室友一起起鬨，嘲笑小張。結果，小張對王明大打出手。

從上面的例子可以看到，王明沒有及時理解小張傳遞出來的手勢訊號，所以才激怒了焦急、羞憤的小張。其實，只要懂得觀察，確實可以從對方手掌的姿勢，看出他的想法和狀態。

◆ **手掌朝上自然張開的人，對你有好感**

你和朋友聊天時，經常可以看到對方靠在桌子上，掌心朝上，一隻手可能還夾著菸。這表示對方對你頗具好感，想和你更親近。手掌朝上自然張開是身心放鬆的表現，只有對你沒有戒備，才會展現這類手勢。

第一章　表情密碼：從臉讀懂內心

◆ 手掌朝下自然張開的人，對你還有戒備

　　張開的雙手通常會放在椅子扶手上、大腿上，有時候還會放在臉頰上。這表明對方極力想對你示好，但心理上還有戒備。

◆ 雙手合十的人，對你很抗拒

　　這是我們熟悉的祈禱手勢，有人用這來表示拜託、請求。如果我們遇到這樣的人，基本上可以斷定，對方對你是抗拒的。這種動作往往用在有求於人的時候，對方雖然嘴上請求，但心裡往往是抗拒的。

　　另外，在某些特殊情況下，有些人做出了握拳的動作，其實並不是討厭你。有些人在內心焦慮或緊張不安的時候，也會做出握拳的動作。這是在撫慰自己的負面情緒，是一種心態的特殊反映，所以我們在觀察時應該有所區別。

自信動作：「萬事皆知」之人的反應密碼

　　一般來說，在肢體語言中，對一個姿勢的理解需要結合其他姿勢和具體的環境，才能解讀其真正的含義。因為某一手勢在特定場合中可能有特定含義，而在另外一個場合中可能就沒有該含義。比如，在寒冷的房間裡，某人將雙臂交叉放在胸前可能僅僅是為了防寒取暖，而與防禦自衛或者孤獨離群沒有絲毫關係。但肢體語言中有一個姿勢卻是例外，它不需要結合其

他姿勢和具體環境，就能表達明確而具體的含義。這就是「尖塔式手勢」。那究竟什麼是尖塔式手勢？它表達的具體意義又是什麼呢？

所謂尖塔式手勢，是對一種手勢的形象稱呼，指雙手手指一對一地在指尖處互相觸碰，但兩個手掌並沒有接觸，看起來就像教堂的尖塔一樣。它表達的意義就是對自己非常有自信。一般來說，做出這個姿勢的人主要是：非常自信、有優越感、較少使用肢體語言的人。

尖塔式手勢常見於上下級之間的互動中，被上級用來表示自信和無所不能。經理或部長傳達通知、布置任務給下屬時，常會自覺或不自覺地做出這個姿勢。這在律師、IT 人員等群體中尤為常見。他們之所以喜歡做出這個姿勢，就是想透過此姿勢，向別人表明自己對所說的話或者是所做的決定，具有十足的信心。

研究顯示，職場中有一種很普遍的現象，就是那些自信的佼佼者經常做出尖塔式手勢。在上下級之間，這種手勢主要用來表示「萬事皆知」的心理狀態。如某些大公司的總經理在向下級傳達指示時，經常做出做出這一手勢；某些進行報告的上司，常常坐在講桌旁，雙臂撐在桌子上，雙手不由自主地形成尖塔式手勢。

具體來說，根據尖塔的朝向，尖塔式手勢可以分為向上和向下兩種。當一個人向別人發號施令，或是闡述自己的觀點、

第一章　表情密碼：從臉讀懂內心

意見時，塔尖常常朝向上方；當一個人在聆聽別人說話時，塔尖可能會朝下。心理學家研究發現，女性不論是在對別人發號施令，還是在聆聽別人說話，都喜歡用倒置的尖塔手勢含蓄地表達自己的自信。

如果對方在做出尖塔式手勢的同時，還抬起腦袋，這就表示他是一個自以為是、很自大的傢伙。如果對方在看你時，先做出尖塔式手勢，再將雙手置於與雙眼平行的位置，然後透過兩掌間的縫隙盯著你，一言不發，那麼，他大概在告訴你：「你心裡在想什麼我都一清二楚，不要在我面前耍花樣，不然後果很嚴重！」

整體而言，尖塔式手勢是一種正向、明確的姿勢語言，但除了可以用於正面情境以外，它還可以用於負面情境。

比如，經理在下屬彙報完畢後，可能會做出尖塔式手勢。要想判斷這個手勢的意義是正面的，還是負面的，關鍵就在於經理做出這個動作之前的一些姿勢是正面的還是負面的。如果尖塔式手勢是在正向姿勢 —— 比如雙手攤開、身體前傾 —— 之後做出的，則表示他肯定了這位員工的工作；如果是在一些負面姿勢之後做出的，則表示他不太滿意這位員工的工作。

警覺動作：當人們處於弱勢地位

冷氣充足的辦公室裡，新上任的王經理坐在辦公桌前翻閱文件。他的腰挺得筆直，後背繃得緊緊的。這樣的坐姿維持一天，下班時他覺得渾身痠軟。回到家裡，他往沙發上一坐，整個身體就陷進柔軟的沙發中，腰背臀都徹底地放鬆了下來。

這樣的姿勢轉換，上班族們都不陌生。在工作場合的全身緊繃與回到家裡後的全身鬆弛有著天差地別。為什麼會有這樣的差別呢？因為腰臀與人的警覺性有所連繫。

在工作場合中，人們為了應付繁重的工作，會把精神調整到高度警覺狀態，以便隨時應對突發狀況。精神狀態很自然地傳達到身體，於是身體保持在「預備」姿勢，挺直的後背與緊繃的腰臀都處在「蓄勢待發」的狀態。我們可以想像我們的祖先在野外狩獵的情形，他們緊盯著獵物，全身緊繃，隨時準備發動攻擊。起跑線上的運動員也是如此——雙手撐地，腳尖蹬地，只等著發令槍響，他們就能即刻衝出去。這些狀態都與我們在工作中的狀態類似。

而當我們把一天的工作完成，回到相當熟悉的家中，情形就完全改變了。家是每一個人心靈的港灣，你在這個地方擁有最大的安全感。所以你的大腦發出暗示，一切都是安全的。既然不需要應對外界危險或者突發狀況，你的身體也就不會進入

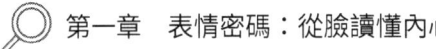# 第一章　表情密碼：從臉讀懂內心

待命狀態，所以徹徹底底地放鬆下來。

然而，這種放鬆並非弱勢的表現。普遍看法是，當你全神貫注、充滿警覺時，應對外界的能力也會增加。也就是說，挺直的後背和腰臀代表了強勢，放鬆的狀態自然代表著弱勢。可是實際上，研究顯示，在兩方會面中，保持高度警覺狀態的人卻是處於弱勢的一方，有時候甚至是有求於人的一方，而占優勢地位者常常是腰臀放鬆的這一方。

舉些例子會讓你更清楚地了解這一點。比如員工向老闆彙報工作，通常是老闆瀟灑地坐在他的「老闆椅」上，雙手搭在扶手上，一副很舒服的姿態；而員工則直挺挺地站在一邊，隨時等待著老闆的盤問。在上門拜訪的業務員和客戶之間，也能看到這種姿勢對比。

會面的雙方應該都很清楚雙方的地位，處於優勢者的放鬆可以說是一種優勢展現。他清楚地知道對方對他沒有威脅，故意做出舒適的模樣，彷彿是在對對方說：「即便不是最佳狀態，我也能應對自如。」而處於劣勢地位的人用緊繃的身體來表達重視會談的想法，他刻意地讓現場顯得更正式，希望引起對方的重視。

愉悅動作：腳尖向上翹起的人，聽到了好消息

當人們感到高興或幸福的時候，會感到飄飄然，整個人會有一種向上提升的感覺。如果讓你畫笑臉，你是不是首先會畫上向上翹的嘴角？其實，當一個人感到高興或幸福的時候，上翹的不只嘴角，還有他的腳尖。對於興奮的人來說，重力好像沒有發揮作用了。

在我們所處的環境中，這種背離重力作用的行為每天都會出現在我們的視線中。例如，觀察一下你身邊悠閒打電話的人，如果他把本來平放在地上的一隻腳換了一種姿勢——腳跟還處於著地的狀態，腳掌和腳尖卻向上翹了起來，腳尖指向天空——不要以為這樣的動作稀鬆平常，其實，這表示他情緒不錯，正聽到或者講到什麼令自己非常高興的事。他的動作明白地散發著這樣的訊息：棒極了，簡直太好了！這種動作代表的心理狀態類似於向上跳躍、歡呼。

某音樂選秀節目的選拔賽上，2號男生被宣布直接過關。他的表情很淡定，上半身也表現得很鎮定，但是他的腳卻樂瘋了，腳尖上翹指向天空。事後過關採訪驗證了他的快樂——他興奮得變了聲音，不停地說：「太好了，感謝大家！」

在解讀肢體語言的時候，很多人都習慣從表情開始。其實，表情透過訓練可以人為控制，但腳的細節動作卻很少有人

第一章　表情密碼：從臉讀懂內心

去刻意控制。

大多數人對腳的動作不太關注，不會考慮偽裝或掩飾。因此有人說雙腳才是身體上最真實的部位之一，它們真實地反映人的感覺、想法和感情。讓我們看看其他傳達快樂情緒的雙腳吧！

✦ 顫動的雙腳

如果你發現一個人的雙腳在顫動或擺動，甚至他的襯衫和肩膀也隨著顫動，這是他心情大好的象徵。這些細微的動作正向你表明，他很輕鬆、愉悅、滿足。很多人在聽著美妙的音樂時會抖動雙腳，也是這個道理。

✦ 玩鞋子的腳趾

做這個動作的以女性居多。當感到愉快的時候，女性常常會玩鞋子。她們會用腳趾將鞋子挑起再放下，如此反覆；或者將鞋子挑起來搖晃。

✦ 戀愛的幸福雙腳

如果你細心觀察情侶桌下的雙腳，你會發現，他們會用腳部的接觸來表達彼此的好感，擦過對方的腳或用腳趾輕觸對方。做這樣的動作表明他們很舒適，心情愉悅。

✦ 交叉的雙腳

當你和朋友輕鬆愉快地交談時，你會發現，他改以雙腿交叉的姿勢站立。這是他感到輕鬆愉快的象徵。你們的關係很好，他

可以卸下防備，完全放鬆下來。

綜上所述，腳部傳達的訊號是誠實的，是很難作假的。你不是薩滿教的先知，也不是吉卜賽的巫師，但你可以捕捉對方一個不經意的腳部動作，從而明察秋毫，看穿他的情緒狀態和真實意圖。

緊張動作：腳踝相扣的求職者

作為肢體語言的一部分，腿腳的細微動作也在訴說著無聲的語言。如果你和別人交談時發現他的腳踝相扣，這表示他對你持有否定或防禦的態度，做此動作是為了抑制緊張的情緒。

更有趣的是，談話對象在腳踝相扣時，往往會下意識地緊閉雙唇。由於他內心缺乏把握或者是恐慌害怕，彼此相扣的腳通常會被悄悄地挪到椅子底下，與此對應的就是沉默寡言的態度。因此，腳踝相扣展現的是負面、否定、緊張、恐懼或不安的內心情緒。

如果一個人做出腳踝相扣的動作，則表明他在心裡極力克制、壓抑著自己的某種情緒。比如在法庭上，開庭之前，涉案人員就座，他們通常會雙腿交叉，呈現出沒有很緊張的狀態。而在審判的過程中，被告為了減輕心中的壓力和消除自己心頭的恐懼、恐慌情緒，便會將腳踝緊緊地靠在一起。

第一章　表情密碼：從臉讀懂內心

再如，面試時，如果你留心觀察參加面試的求職者腳部，你就會發現，他們幾乎都會做出同樣的姿勢——把腳踝緊緊靠在一起。這個姿勢就洩露了面試者的心理狀態，即他們在努力克制自己心頭的緊張、壓抑、恐慌等情緒。此種情況下，為了幫助面試者控制好情緒，面試官會暫時岔開主要話題，或者直接走到面試者旁邊坐下，以拉近彼此間的距離，從而讓其消除心頭的壓抑和緊張。如此一來，雙方就能在相對輕鬆、友好的氛圍中進行交流了。

在公共場合中，我們常常會看到夾緊雙腿、腳踝相扣的人，尤其是那些身著短裙的女性。雖然我們可以從避免走光的角度出發，推測女性緊夾雙腿的姿勢含義。但實際上，短裙並不是關鍵原因，在一些並沒有穿短裙的女性身上，還是可以發現這些動作。比如，她們會忽然把腳踝扣在一起，雙膝併攏，兩隻腳置於身體同一側，雙手緊靠或是交疊著輕輕放在位於上方的那隻腳上。

做這些動作其實說明她們感覺緊張或不安全。當她們感到舒適時，會自然地打開自己的腳踝。當然，由於性別的差異，男女在做這一動作時有一定的差異性。男性在腳踝相扣時，通常還會雙手握拳並放在膝蓋上。有時，有些男性會用雙手緊緊抓住椅子或沙發兩邊的扶手。但是無論是女性還是男性，這樣的動作無疑表明他們正在努力克制自己內心的緊張。

腳踝相扣除了表示一個人在心裡自我克制以外，有時也是

躊躇不決的訊號。比如，在談判的過程中，如果你是個經驗豐富的談判專家，在看見對方做出踝部交叉的姿勢後，你應該感到竊喜。為什麼會這樣呢？因為這個姿勢表明，對方心裡可能隱藏著重大的讓步決定，只是他現在心裡搖擺不定，不知道究竟要做多大的讓步才切合時宜。此種情況下，如果你立即向對方提出一系列試探性問題，並採取一切可行的措施，對方很快就會改變這種猶豫不決的狀態，最終做出較大的讓步。

綜上所述，無論是緊夾雙腿還是腳踝相扣，如果有人對你做這樣的動作，都表示他很緊張、焦慮或不安。這些姿勢是封閉性的，他還沒有準備好要和你好好交流。你需要做好心理準備，你和他的對立局勢可能會延長。

第一章 表情密碼:從臉讀懂內心

第二章　肢體語言：
洞察細節中的意圖

第二章　肢體語言：洞察細節中的意圖

拒絕動作：有關「笑」的心理學

笑是人類與他人交流的最古老方式之一。而在所有的文化語境裡，人們都用微笑來表示高興與快樂。正因為如此，心理學家把「微笑」視為一種人際交往中的「通用貨幣」。

一項針對人類近親黑猩猩所展開的研究顯示，其實微笑的功能並不僅止於此，它還有更深層次的作用。我們利用微笑告訴其他人，自己不會帶給他們任何傷害，希望他們能夠接受自己。但是，真正了解微笑、掌握微笑內涵的人並不多。

曉芳是一位兒童用品業務高手。有一天她訪視的第五位客戶是林女士，這位女士氣色紅潤，看起來平和溫婉。曉芳簡單說明意圖，向她闡明產品的功效。曉芳滔滔不絕地說明，林女士並沒有打斷，只是微笑著耐心聽完。可是，任憑曉芳怎麼說服，林女士就是不為所動，只是牽起嘴角一絲微笑。無奈之下，曉芳只好放棄。

古代講究女孩要笑不露齒，是出於禮貌的要求。實際上，不露齒的微笑屬於隱藏式微笑，也是一種防衛姿態。如果某人只是對你微笑，什麼都不說，這表示他不想和你分享感覺和想法，屬於內斂的拒絕。一有機會，他也許就會找藉口離去。這種人性格內向、保守且傳統，遇到事情會以禮貌的微笑婉拒。

不同的笑容代表不同的含義，這和笑容的展現方式有關。

讓我們來看看各種不同笑容所代表的含義。

◆ 常見而普通的微笑

這類微笑在日常生活最為常見，通常是表示謝意、歉意或友好。如坐車時，你讓位給老人家，他會對你報以淺淺的微笑，以示感謝；別人不小心碰撞到你，會面帶微笑地看著你，以示自己的歉意；當朋友為你介紹某個人時，你會面帶微笑地看著對方，以示自己的友好。

◆ 冷冷的嗤笑

所謂嗤笑，即笑聲從鼻子裡發出來。一些人在嚴肅、正式的場合看到了可笑的人或事，但又不能哈哈大笑，而只能強行忍住，透過鼻子發出來。此外，一些性格內向的人想笑時也喜歡用此種方式。他們之所以偏愛此種方式，根本原因就在於他們擔心自己笑得太誇張會引起他人的注意，這會讓他們感到非常不舒服或不自在。

◆ 暗自偷笑

所謂偷笑，顧名思義，是指私底下竊笑，笑聲較低也不長，多見於某人看到一件事情有趣而可笑的一面，而其他人卻渾然不覺時。不過，有時候，有些人在看見別人遭到責罵、遭遇失敗，或是處於某種尷尬情況時，也會發出此種笑。所以，偷笑有時又有幸災樂禍的味道。

第二章　肢體語言：洞察細節中的意圖

◆ 輕蔑的笑

此種笑多為人們所鄙視，但在生活中卻很常見。笑時鼻子朝天，一副「自以為天下第一」的表情，並輕蔑地看著被笑的一方。那些有權有勢、高傲或自命清高的人在看見權勢低下或地位卑微的人時，往往會發出此種笑。此外，在某些特定的情況下，正義的一方在面對邪惡力量的威脅、恐嚇時，也會露出此種笑，以示對他們的鄙視、輕蔑之意和自己勇敢、無所畏懼的精神。

◆ 哈哈大笑

這是非常爽朗、豪放的笑，在生活中也十分常見。當人遇到非常高興的事，或是終於實現了自己的某個願望，通常會發出此種笑聲。

不過，有時候，此種笑聲帶有一種威壓感，會震懾他人，從而使人心生戒備。

人類有各式各樣的笑，笑是一道閘門，宣洩著人類幾乎所有的情感。有時，笑是一種境界、一種感悟、一種智慧。讀懂一個人的笑，你真的可以知道他在想什麼！

順從動作：歪著腦袋仔細聽你說

很多肢體語言學家認為頸部支撐著頭部，所以頸部的肢體語言，可以由頭部來代表。也有人主張應該把脖子單獨看待，

因為有時脖子要表達的訊息是頭部所表現不了的，比如向上伸長脖子。

我們認為頭部動作可以分解為臉的各部分如眼、眉、嘴巴、鼻子的動作，以及臉部整體表情等。除此之外的頭部整體動作，都應歸功於脖子。比如常見的擺頭姿勢，其實是先擺動了脖子，然後帶動了頭部的動作；仰頭是先伸展脖子，而低頭則是由脖子前縮後伸所形成的。因此，應當把頭部整體動作歸為脖子的肢體語言來看待。

✦ 露出脖頸

脾氣暴躁的丈夫因為一些小事向妻子發脾氣，妻子默默地坐在一邊。在丈夫不斷的咆哮聲中，妻子把腦袋歪向一邊，露出脖子。她顯然無意跟丈夫爭吵，吵吵嚷嚷的丈夫最終無奈地放棄了激怒妻子的行為。

妻子偏向一邊的脖子表明她不想加入爭吵中，性格溫順、不喜爭執的女性經常會有這種傾斜脖頸的動作。它所表達出來的含義就是「我服從你」。吵鬧的丈夫也接收到了妻子動作的含義，所以最後便偃旗息鼓了。

把頭部向一側傾斜、露出脖頸這個姿勢表示順從，它不僅暴露出喉嚨和脖子，還會讓人顯得更加弱小和缺乏攻擊性。

至於它為什麼會傳達出這樣的訊息，我們依然可以從嬰幼兒時期來找到證據。嬰兒似乎總是難以支撐起自己的頭，所以

第二章　肢體語言：洞察細節中的意圖

當他們想要休息時，會把頭斜靠在父母的肩膀和胸脯上，這樣的動作很能引起父母的憐愛。

另外，傾斜頭部就會露出脖子。而脖子是人的要害，所以這樣的姿勢就表明我相當坦誠，而且對你無害。動物也有相似的動作，比如狗遇到強大的對手，就會躺在地上，露出柔軟的肚皮，表示「我不想跟你鬥，我很柔弱」。

✦ 歪著腦袋仔細聽你說

歪著腦袋、傾斜脖子的動作除了表達恭順，在不同情況下也可能有其他含義。比如在談話中，如果你發現對方微微傾斜頭部，用仰視的視線看你，那麼對方很可能是對你的觀點有興趣，於是用這個方式仔細地聽你繼續發言。

知道歪著頭有這層含意，演講者可以在發表演說時，用心在觀眾當中搜尋這種頭部傾斜的姿勢。如果看到有觀眾歪著頭，甚至還做出了用手觸碰臉頰的思考手勢，那麼就證明你的演講對他產生了影響，他認為這些內容很有說服力。這個動作的這層含義很可能是由其恭順本義所引發而出的。潛意識裡，觀眾因為想聽到更多的內容，而對演講者表現出恭順之意。

✦ 性感的頸部曲線

看看明星海報，很多女明星都歪著脖子，露出光滑的脖頸。女性的這個姿勢突顯了溫順且性感的女性特徵。對於男性來說，看起來毫無威脅性並且非常溫順的女人是極具吸引力的。

瑪麗蓮夢露就有很多這樣的造型照,看來她是深諳此道的。

女性喜歡做出這個姿勢,但是對於需要模糊性別的職場女性,這樣的姿勢無異於增添自己的弱勢。當在談判桌上對對方做出歪斜腦袋,或者露出脖子的動作,無論是出於哪一種想法,都把自己置於弱勢的境地。男性合作者或者對手也會更加關注妳的女性身分而非工作能力。基於此,我們給女性的建議是,在職場中請盡量伸直脖子。

挑釁動作:握手時一直盯著你的人,心裡在想什麼

西班牙鬥牛表演中,那些被激怒的公牛會在進行角鬥之前,眼睛瞪大,一直盯著對方。在這點上,人類也是一樣。世界上大多數國家的人都不會直視不熟悉的人,一直盯著對方會被認為是沒有教養的表現,甚至被視為故意挑釁的行為。某人和你握手時如果一直直視你,甚至盯著你不放,這其實是對你的挑釁,他想要戰勝你。

眼神接觸是非語言溝通的主要管道,是獲取資訊的主要來源。人們對視線的感覺是非常敏感、深刻的。透過目光接觸來洞察對方心理的方法,我們稱之為「睛探」。眼神接觸可以促進雙方談話同步化。在對方和你交談時,如果他用眼睛正視你,你可以更有效地理解他的思想、感情、性格與態度。同時,透

第二章　肢體語言：洞察細節中的意圖

過「睛探」，可以從對方的眼神中獲得更多回饋訊息，及時調整你的發言。透過這樣審時度勢，一旦發現問題，便可以隨機應變，採取應變措施。

如果對方和你握手時一直盯著你，並且注視時間超過五秒，這個人除了想戰勝你之外，往往還對你具有威脅性。這種注視還會用在其他場合，例如，警察在審訊犯人的時候，通常對他怒目而視，這種長時間的注視對於拒絕交代罪行的犯罪者來說，具有無聲的壓力和威脅。有經驗的警察常常用目光戰勝罪犯。

可見，即使是罪犯也不喜歡別人的視線緊緊盯著自己。因為被人緊盯之後，心裡就會產生不安全感。事實上，在你和對方握手、交談時，如果對方長時間盯著你，由於他的眼神傳遞出來的訊息產生了副作用，你從他的視線中是感受不到真誠、友善、信任和尊重的。

在生活中，人具備多種角色，眼神可以傳遞不同含義的訊息，而影響一個人注視你時間長短的因素主要有三點：

✦ **文化背景**

文化背景不同的人注視對方的時間可能有很大的差異。在西方，當人們談話的時候，彼此注視對方的平均時間約為雙方交流總時長的 55%。其中，發言者注視對方的時間約為他說話總時長的 40%，而傾聽者注視發言者的時間約為對方發言總時長的 75%；他們對視的時間約占 35%。所以，在西方國家中，

當一個人說話時，對方若長時間看著自己的眼睛，會讓發言者感到非常高興。因為他認為這說明對方很在意他的言語內容，或者是很尊重他。

但是，在一些亞洲和拉丁美洲國家中，如果一個人說話時，對方長時間盯著他看，會讓他感到不舒服，並認為對方很不尊重他。比如，在日本，當一個人說話時，如果你想表示對他的尊敬之情，那麼你就應該在他發言時盡量減少和他的眼神交流，最好能保持適度的鞠躬姿勢。

✦ 情感狀態

一個人對他人的情感狀態（比如喜愛或是厭惡），也會影響到注視對方的時間長短。比如，當甲喜歡乙時，普遍情況下，甲就會一直看著乙，這會讓乙意識到甲可能喜歡自己。如此一來，雙方眼神接觸的時間就會大大增加。換句話說，若想和別人建立良好關係的話，你應花60％～70％的時間注視對方，這就可能使對方也逐漸喜歡上你。

據此，就不難理解那些緊張、膽怯的人為什麼總是得不到對方信任了。因為他們和對方對視的時間不到雙方交流總時長的１／３。與這樣的人交流，對方當然會產生戒備心理。這也是在談判時應該盡量避免戴深色眼鏡的原因。因為一旦戴上深色眼鏡，就會讓對方覺得你在一直盯著他，或是試圖避開他的眼神。

第二章　肢體語言：洞察細節中的意圖

✦ 社會地位和彼此熟悉程度

多數情況下，社會地位和彼此熟悉程度也會影響一個人注視對方的時間長短。比如，當一個普通員工和董事長談話時，就不應該在董事長發言時長時間盯著他。如果那樣的話，他就會認為你在挑戰他的權威，或是你對他說的某些話持有異議。

所以，和上司談話時，最好不要長時間盯著對方。你可以採取微微低頭的姿勢，同時每隔 10 秒左右和他進行一次視線接觸。不太熟悉的兩人初次見面時，彼此間眼神交流的時間也不宜太長。如果一方說話時，另一方緊緊盯著對方，肯定也會讓對方感到非常不舒服。

征服動作：搭訕達人的祕訣

在人類發明車子以前，肩膀擔任著負重運輸的重任。早年的商販、挑夫等勞動者，都是以肩挑著貨物兜售、運輸，以此為生。直到今天，肩膀也是最常用的負重工具之一。因此，肩膀被視為責任、承擔和力量的象徵。

拍肩搭背的動作可以為對方打氣，彷彿透過肩膀傳遞了力量。但是有事沒事總喜歡搭別人肩膀，則是喜歡當老大的表現。有這種習慣的人多半比較以自我為中心，看似想和你做朋友，心裡卻希望你臣服於他。

征服動作：搭訕達人的祕訣

　　一位心理學家就曾在法國進行了一個有趣的實驗。他找了幾個有型的男士，走訪不同的娛樂勝地，與百餘位女性搭訕。實驗結果顯示，被美男輕輕搭過肩膀的女性當中，有高達 65% 的人同意與他共舞。而與美男沒有任何身體接觸的女性當中，只有 43% 同意跳舞。

　　專家研究發現，在男士追求心儀女性的時候，搭肩膀比眼神交流、言語調情、用手指輕撩對方的掌心更容易點燃愛的火花。喜歡用手搭肩膀的男士往往比較自信，喜歡當老大，更能顯現出男士魅力。而肩膀被男士輕觸的女性，會更傾向於臣服於男人的魅力之下。

　　為什麼搭肩膀能產生這種效果呢？我們來看看肩膀本身所傳達的訊息。一般的肢體語言研究認為，肩部的動作能夠表達威嚴、攻擊、安心、膽怯、防衛等意思。肩部可以自由上下活動，因此能縮小或擴大勢力範圍，這些動作也容易引起他人注目。向後縮的肩膀表示因積壓的不平、不滿而引起的憤怒；聳肩表示不安、恐懼；使勁張開的肩膀代表責任感強烈；向前挺出肩膀代表肩負重任引起的精神負擔等。

　　中國古代武將穿戴盔甲，現代軍人佩戴肩章，都有意強調肩部，以示威嚴。男人的西裝在肩部填入墊肩，使肩膀看起來較寬，跟故意使雙肩聳起的行為一樣，屬於男性的訊號。肩部可以視為象徵男性尊嚴的部位。所以，習慣搭你肩膀的人往往喜歡成為老大，他們習慣發號施令，喜歡「照顧」弱勢的群體。

第二章　肢體語言：洞察細節中的意圖

沮喪動作：自我撫摸是為了尋求安慰

當人們緊張、情緒低落時，會不自覺地藉助各種不同形式的自我撫摸來安慰自己，幫自己打氣。例如用手搔搔頭皮、梳理一下頭髮，並撫摸後頸。女性則通常會雙手環抱著身體，用手摩挲手臂，這些正是尋求保護、進行自我安慰的典型動作。

每個人都有親密接觸的欲求。在這方面，女性的欲求大於男性，兒童的欲求大於成人。小孩子如果跌倒或者受到其他傷害，第一個反應就是要媽媽抱抱。身體上的親密接觸可以消除恐懼，獲得安全感。隨著年齡增長，成年人不能像小孩子一樣再向別人索求擁抱。人們無法隨時隨地地得到親密接觸，因而轉換成自我撫摸來滿足親密接觸的需求。常見的自我撫摸動作有以下幾種：

◆ 頭部區域的撫摸

比如撫摸額頭、搔搔頭皮、撫摸頭髮、用手托頭，等等。一般做出這樣動作的人，多半內心感覺無聊、孤獨。他們做出這樣的動作，就是為了鼓勵自己或尋求安慰。

◆ 頸部區域的撫摸

撫摸頸部的前方、後方。女性尤其喜歡撫摸頸部前方。她們聽到使內心不安的事情時，常常不由自主地用手掌蓋住自己脖子前方靠近前胸的部位。這樣的動作很像我們小時候受到了

驚嚇，媽媽用手撫摸我們的頸部，說道：「拍拍，拍拍就不害怕了。」

◆ 手部的撫摸

摩挲自己的手背、吸吮手指、咬指甲等。當你發現有人出現這些下意識的動作時，可以給予對方適當的安慰和身體接觸。但是不能太超過，輕輕拍一拍對方的肩是最適度的安慰。因為雖然做這些動作是渴求接觸的表現，但強烈的戒心使他們依然會對別人過度的接觸產生反感。

◆ 臉部的撫摸

例如用手抹臉、輕捏臉頰、雙手捧著臉。做這樣動作的人，多半正在思考中。他們內心孤獨，希望透過自我撫摸獲得安慰。

◆ 間接自我撫摸

有些動作看起來與自我撫摸扯不上關係，實際上也是一種間接的自我撫摸。比如撕紙、捏皺紙張、緊握易開罐讓它變形，等等。這種間接的自我撫摸也刺激到了人們的觸覺。並且你可以發現，一個人的挫折感或者不安感越強，這種動作出現的機率越大。人們似乎希望藉這些動作來發洩，尋求安慰，同時穩定情緒。

第二章　肢體語言：洞察細節中的意圖

攻擊動作：雙手叉在腰間，就能讓你更有氣勢

　　孩子們在和父母辯論的時候、運動員在比賽開始之前，通常會做出這樣的動作，即把雙手放在臀部兩側。這是非常常見的姿勢，是在告訴你，他們信心十足，已經做好行動的準備了。同時，這種動作還能使他們占據更多的空間，並且能夠把突出的手肘作為武器，使你不敢靠近或是從他們身旁經過。

　　當一個人在把雙手放在臀部兩側的同時，還稍微向上提起自己的手臂，這實際上是在向你暗示：儘管放馬過來吧，我一點也不懼怕你，因為我已經做好了攻擊準備。有時候，即使把一隻手放在臀部也會暗示出同樣的訊息，同時用手指指向想攻擊的目標時更是如此。這種姿勢的含義在世界各地大同小異，但在馬來西亞、菲律賓等地，這種姿勢帶有更強烈的怒意。

　　現在，行為學家將「雙手放在臀部兩側」統稱為「做好準備」，即動作者信心十足，已經做好了行動的準備。不過有時候，這種姿勢又被叫做「成功者」姿勢，喜歡擺出這種姿勢的人往往具有很強的目標性，已經準備克服萬難或者準備採取行動。大多時候，男性也喜歡在異性面前擺出此種姿勢來表現自己自信十足的男子漢氣概。

　　正因為「做好準備」這一姿勢具有較為豐富的意義，所以我們在判定這一動作的具體含義時，不能「一視同仁」，而應考慮

動作者做出這個舉動時的具體場合，以及他在做這個動作之前所做的其他動作。只有這樣，才可能明白動作者做出這一舉動的真實含義。

比如，此時動作者的大衣是敞開在身體兩側，還是扣上的呢？如果是扣上的，則說明此人現在可能情緒比較低落；如果是敞開的並直接落在身體兩側，則說明此人目前情緒狀態較為亢奮，具有較強的攻擊性。如果此人在保持敞開大衣狀態的同時，把雙腳張開，牢牢地挺直站立，或是雙手緊緊握拳，那你就得格外小心了。因為此人的這些姿勢表明，他已經準備好進行攻擊了。

有時候，專業模特兒會特意借用這種具有侵略含意的準備動作組合來展現野性和霸氣，這樣更能展現出時尚、另類的特點。另外，在某些情況下，有的女性僅僅把一隻手放在臀部，而另一隻手卻做出其他動作，以此引起異性的注意。戀愛中的女性就喜歡使用此種姿勢來突顯自己的女性魅力，進而讓男友時刻關注自己。

發言動作：不停敲桌子，是因為有話要說

你是否有這樣的經歷，當你和同事爭論某個問題的時候，他會不停地敲桌子，然後說：「冷靜一下，聽我說兩句。」是的，他不停地敲桌子，是因為有話要說。如果你是一場會議的發言

第二章　肢體語言：洞察細節中的意圖

人，當你在滔滔不絕的時候，發現有的與會者在不經意地以指尖輕敲桌子，千萬不要覺得對方是在向你表達贊同或者恭維，這顯示出他在思考，在等待發言。當你在進行業務解說，發現客戶有這個動作時，就該考慮停下來，把話語權交給他，以免客戶不耐煩。

傳播學家研究發現，手上的小動作往往比有聲話語更能傳達出說話者的心理，因為作為一種可視的溝通形式，它比話語傳遞得更遠，而且不會受到那些有時會打斷或淹沒話語的噪音干擾。所以，有時候，手勢是獨立而有效的特殊語言，它能傳遞一些我們熟悉的訊息。比如，拍手表示激動或贊成；伸出小指和拇指並放在耳朵邊表示需要打電話；大拇指朝上表示贊同或欽佩，大拇指朝下則表示不贊同或鄙視對方；伸手表示想要東西，手放在身後表示不想給予。

除了敲桌子之外，還有一些不自覺的小動作，也能暴露內心的真實狀況。

✦ 不停摸耳朵

如果在交談過程中，對方頻繁地摸耳朵或拉耳垂，這表明他厭倦了你的滔滔不絕。他做這個動作是想告訴你，他很想開口談談自己的意見。

✦ 把玩手腕或手腕上的物品

如果你正在和他人交談，發現對方正在把玩手腕或手腕上的

物品，這表明他內心充滿猶豫，正在考慮是否訴說內心的想法。

◆ 嘴唇微張

如果和你交談的人幾次三番地微動嘴唇，卻沒有發出聲音，這表明他有話要說。他內心很想表達自己的想法，所以自然張嘴欲言。可是出於禮貌，他沒有打斷你的話。

◆ 用手指或手上的東西做畫線動作

如果你正和他人交談，發現對方用手指或利用手上的東西在桌上做畫線動作，這表明他有話想說可是又不能打斷你，不停地做出畫線動作顯示出他很焦急。如果此時你還繼續滔滔不絕，他的額頭甚至會出現汗珠，手上的動作也會更快。

手勢裡蘊含大量的資訊，而且，隨著說話者所表達的內容、具體環境的變化，在某種感情的影響下，手勢會自然而然地流露出來。因此，從某種程度上來說，手勢是人的第二張臉孔，傳達著豐富的訊息。

認可動作：摸袖口的客戶

如果你做過業務，會有這樣的體會：當你的客戶開始摸袖口，你會在心裡喊，哈，我快成功了！這時你往往會選擇停止說服，留一點空檔給客戶思考。因為你很清楚，當談話對象開

第二章　肢體語言：洞察細節中的意圖

始摸袖口，這表示他基本上已經認可你的談話內容了。

一般來說，如果你是個有經驗的業務，一定不會一直喋喋不休，而會留心觀察談話對象的肢體語言。這既可以避免引起別人反感，又可以觀察出客戶被勸服的訊號，從而達到談成交易、賣出產品的目的。當然，在生活中，業務的技巧是放之四海而皆準的。我們可以從下面這些肢體語言中，察覺對方心理開始動搖的訊號。

✦ 摸袖口，摸鈕扣

如果你發現，和你交談的對象開始出現摸袖口、摸鈕扣的動作，並伴有若有所思的表情，基本上可以肯定對方已經卸下防備，心裡開始動搖了。一般情況是，對方坐在你面前，手肘靠在桌上，或是將手臂放在椅子上，再用另一隻手的手指輕摸袖口和鈕扣。這表明他在考慮你所說的話，是在告訴你：「你說得好像蠻有道理的呢，我再想想……」如果遇到這樣的情況，你就可以採取下一步措施了。不過，你需要注意的是對方手上的動作是否緩慢輕柔，如果動作頻繁，且伴隨著焦躁的神情，你就要思考對方是不是不耐煩了。

✦ 手心朝上，拿筆等待

如果你的交談對象很自然地拿起了筆，像是等待記什麼東西──如果你留心觀察，會發現他的手通常是手心朝上，或者是他手邊沒有筆，可是身體不自覺地表現出這樣的拿筆動作，

這就表示你的話產生了效果，他的心裡開始動搖，對你也沒有戒備了。

◆ 露出前頸，微張嘴巴

頸部是人類比較脆弱的地方，也是人類最容易受到攻擊的部位，所以人在潛意識裡都有保護頸部的欲望。如果你發現，和你的交談對象在不知不覺間露出了前頸，並伴有微張嘴巴的身體動作，你就該察覺，這是他心裡開始動搖的象徵，也是對你示好的表示。他認為你安全、可靠、值得信任。

◆ 模仿你的動作

你做了一個手勢，他也跟著你做了同一手勢，這是他在模仿你。當對方開始有意無意模仿你的動作時，這表示你對他有一定的影響力，他對你甚至有些崇拜和敬重，你的話更是在他的心裡蕩起了漣漪。

◆ 緩慢點頭

這種點頭，不是指點頭如搗蒜的快速點頭，而是和緩自然的，這是表示讚許、信任、內心契合的訊號。通常，他會選擇在你一句話未結束時，就開始緩慢地點頭，並伴有嘴角微微上揚的表情。這就表示你已經掌握了他的需求，你的話已經發揮作用。

簡而言之，如果你想嗅出更多對方散發出來的動搖味道，就需要讀懂他們的身體暗語。

第二章　肢體語言：洞察細節中的意圖

示好動作：我要坐在你旁邊

在選擇座位時，一般來說，我們都應該依循不能侵犯他人私人空間的原則。因為每個人都有屬於自己的私人空間，不同的人可以進入的私人空間範圍大不相同。也正是因為如此，座位的選擇往往能反映這個人與你的關係和親密程度。

比如，對方選擇坐在你旁邊的位置，就是想要親近你的表現。因為與對方並肩而坐，是非常親密的就座方式。它表明就座雙方的關係非常親密，如果是異性之間如此就座，兩人多半是情侶或夫妻關係；如果是同性之間如此就座，則說明兩人是非常親密的知心好友。產生這種結果的原理就是，選擇此種就座方式，兩人朝著同一個方向，注視相同的對象，很容易產生連帶感。雖然他們彼此之間沒有眼神接觸，但兩人的內心肯定在進行著正向的交流。而雙方沒有視線交流，彼此便不會受到對方視線干擾，可以進行自由暢快的交談。所以，對方選擇坐在你旁邊，是渴望與你進行深入的交流，是想要親近你的表現。

正是因為如此，很多咖啡廳增設的情侶座只有一個茶几和一條長椅。讓熱戀中的情侶並肩而坐，不僅有利於他們小聲地互訴衷腸，還可以消除他們將對方視為獨立個體的心理潛意識，從而達到彼此心靈脈脈交融的目的。

除了坐在你旁邊的位置，還有兩種選擇座位的方式。其一

是坐在你的對面,其二是坐在你的右側或左側。

面對面而坐是一種防禦性的就座方式。你們可能表面上看起來非常熟悉、親密,但實際上雙方可能僅僅是朋友關係,在心理上的理解深度還不夠。而隔在你們之間的桌子也就成了一道屏障,使雙方之間產生距離感。此種情況下,基本上不宜做出各種姿勢,因為會讓對方盡收眼底。一旦面對面的話,會使對方的半身或全身呈現在另一方的視野範圍之內,便很容易讓雙方因視線衝突產生「心理對峙」的現象。

坐在你的右側或左側是較為友好的就座方式。這說明你們之間相當隨意、友好,是好朋友或者合作關係。你們可以無拘無束地進行交流。當然,交談的一方可以做出很多姿勢,同時你也可以自由地觀察對方的姿勢。

另外,假設你和朋友約在某間咖啡廳見面,並且你們沒有事先預訂好座位,那麼你可以藉機觀察他選擇座位的方式,進而了解他的個性特點。

◆ 從先到時選擇座位的位置,了解對方的性格

如果他身體面向咖啡廳的入口,那麼,他是很體貼入微的人,因為這樣可以輕易看見你走進來,能夠及時向你招手,你就不用辛苦地尋找他。這樣的人很容易相處,對人展現出互助合作的態度。

如果他不但面向入口,而且就坐在入口附近,那麼,他多

第二章　肢體語言：洞察細節中的意圖

半是個急性子，做任何事都想速戰速決，非常焦躁，無法平靜下來，對時間很敏感。此時此刻，他並不想和你悠閒地聊天，只是想立刻解決問題。

而如果他選擇背對著入口，那麼，他是以自我為中心的人，寧願等著別人來找他，白白浪費時間，也不願意主動招呼別人。坐在牆壁旁邊而且面向牆壁的人，多半是性格內向的人，不希望和人有瓜葛。

◆ 從後到時選擇的座位，知道他的個性

如果你比他先到，而他選擇面對面坐著，那麼，你要注意觀察，對方是採取正對著你的姿勢，還是稍微挪一下身子，採取微微側身的姿勢。

比起側面朝向你，正面朝向你表示對方更加緊繃，這是對決與競爭的含意。如果對方坐在你的正對面，應該是抱著不達目的不罷休的念頭和打算。「今天一定要得出結論」、「打算徹底討論」，對方心中應該有這一類想法。這類人也多具有外向性格。如果對方採取微微側身的姿勢，就消除了面對面的緊張感，可以比較輕鬆愉快地談話，說明他希望和你閒聊。

綜上所述，根據座位的選擇，可以看出對方對你的態度。如果你能解讀這些含義，也可以迅速做好防備。不過，當他肩並肩坐在你旁邊的位置上時，多半沒有惡意，只是想親近你而已。

認同動作：模仿改善關係

我們經常說打哈欠會傳染，通常一群人中有個人做出這個動作，其他人就會接連模仿。關於原因，科學家們還不是很清楚。但肢體語言專家亞倫‧皮斯認為打哈欠是一種模仿行為。應該說打哈欠是最顯著的模仿行為之一：只要一個人打哈欠，他身邊的人們就會接二連三地打哈欠。模仿行為並沒有固定的動作，最初可能只是有人隨意做了一個動作，而後其他人也做出了跟他一樣的動作，比如撩起耳邊的頭髮，撫摸另一隻手的手背等等。我們不討論這些動作本身的含義，只探究後者進行模仿的這個現象的含義。

對肢體語言同步現象的研究顯示，如果人們彼此之間有著相似的情緒，或是具有相同的思路，他們就很可能互相產生好感，而且會模仿對方的肢體語言以及臉部表情。也就是說，模仿的產生不僅僅是由於外在因素，正是因為內在的某些相似性，人們才會從「打哈欠」這樣的動作開始模仿。而反過來，從模仿裡，他們也能找到「同類」，也可以說是尋找到跟他們志同道合的人。

保持「同步」是人與人之間的一條連結。有個有趣的說法是，當我們還是子宮中的胎兒時，就已經開始學習「同步」。因為我們的身體功能和心跳節奏都會盡量與母親保持一致。所以，模仿可以說是人類與生俱來的能力。

第二章　肢體語言：洞察細節中的意圖

✦ 模仿使人安心

我們和陌生人打交道時，通常會仔細觀察他們是否會模仿自己的行為與姿勢，如打哈欠、某個手部動作，等等。因為，如果他們模仿你的肢體動作，就代表著他們認同了你，接受了你，這是建立友善關係的開始。所以，當我們看到對方模仿自己時，就好像看到了自己的朋友，心裡會產生一種親切感。

比如，一個剛認識的朋友到你家裡做客，可能會覺得很拘謹，尤其是在用餐時。他會很擔心自己的習慣和你家裡的做法不合，於是會小心謹慎地先看看你和家人怎麼做，然後模仿你們的做法。再如，剛轉到另一間學校的學生，下課休息時會感到很不安，於是他就可能會觀察其他的同學都在做什麼。如果發現大家都出去進行體育活動，想要迅速融入這個團體的人也會克服自己的緊張走出教室，進行相同活動，並在心裡期待其他學生能夠邀請自己加入。

✦ 模仿獲取認同

模仿就是人類的一種社交工具，它能夠幫助我們的祖先成功地融入群居生活之中。不僅如此，模仿還是最為原始的學習方法之一。理解模仿行為的含義是肢體語言學習中最為重要的課程之一，因為這是其他人向我們傳達肯定或好感最顯而易見的方式。同樣地，我們也可以透過模仿其他人的肢體語言，直接而快速地讓他們感受到我們的善意。

認同動作：模仿改善關係

　　一個高明的業務曾經對同行們這樣說：「客戶開始模仿你的動作，就是他們接納你、認可你的產品的前奏。這時，你不妨假裝不經意地模仿客戶的動作。這樣，彼此的認同感就會增強，最終客戶將接受你向他們推銷的產品。」模仿為什麼會獲得認同感，一個很可能的原因就是，人都有自戀的一面。模仿是恭維的暗示，被恭維的人很容易解除防備，接受外人的建議。

◆ 被模仿者才是主導者

　　有模仿行為，必然存在著被模仿的原始行為。雖然兩者有著相似的表象，但內部展現出來的地位差別卻很大。模仿也可以被視為學習行為，對方在學習你的一舉一動。而促使他這樣做的原因是他對你的尊敬或者喜愛，他認為你身上有比他更有優勢的地方。所以，優勢地位是在被模仿者這一邊的。

　　小王想找老李借錢，於是他來到了老李家。他沒有劈頭就表明來意，而是跟他們聊天。然後小王發現，老李很愛模仿妻子的動作。當妻子嘆氣時，老李也緊接著嘆氣；當妻子喝茶時，老李也端起了杯子。於是小王把主要請求對象鎖定在李太太身上，向她表明了借錢的願望，並且闡述一系列理由以及按時還錢的保證。

　　小王很注意觀察夫妻之中是誰在模仿誰，因為這可以揭示出誰的家庭權力更大或者能夠做出最終決定的是誰。如果妻子首先做出某些動作——不管這些動作有多麼細微，如交叉雙腿、手指交纏或是做出思考的姿勢——只要這個男人跟著模

第二章 肢體語言：洞察細節中的意圖

仿，那麼你就可以確定讓這個男人做出決定是毫無意義的——因為他根本就沒有決定權。

◆ 模仿改善關係

模仿也可以影響其他人對你的印象。如果老闆期望與一個拘謹緊張的員工建立友好關係，並且營造出輕鬆的談話氛圍，那麼他可以透過模仿這個員工的肢體語言來達到這個目的。對方會覺得他很平易近人。

不過需要說明的是，能在雙方間產生親和感的模仿動作，都不應該具有攻擊性，也不應該是帶有強烈炫耀含意的姿勢，否則將會引起不快和反感。

歡迎動作：交談和婚姻一樣，不待見「第三者」

肢體語言研究者發現，當兩個十分要好或是非常親密的人在竊竊私語時，往往會做出一些姿勢來防止「第三者」的加入。比如，某天你獨自一人去咖啡廳喝咖啡，恰巧這天咖啡廳的生意特別好，你不得已只能與一對熱戀中的情侶併桌。

此時，如果你留心觀察，就會發現這對情侶會迅速採取一些「防禦措施」來應對你這位「不速之客」。一般情況下，坐在你對面的男士會把右腳架在自己的左腳之上，而這位男士的女友則會把自己的左腳架在右腳之上。如此一來，這對情侶用腳構

築了一個屬於他們的小世界，藉此向你表明：我們是情侶，你可以坐在這裡，但請你不要打擾我們。

接下來，你對面的男士很可能把自己的茶杯放在你們共用的這張咖啡桌中間，再次向你表明：我們誰也不要侵犯誰。如果你不小心「侵犯」了這對情侶的兩人小世界，毫無疑問，會遭到對方的白眼。

那我們如何才能避免自己成為別人交談時的「第三者」呢？很簡單，你必須學會從兩人交談時站立的角度去判斷對方是否接納你這個「第三者」。

一般來說，如果交談的雙方由開始的側面相對轉為面對面交談，或者是直接面對面交談，這就表明交談的雙方有著封閉性的親密感。這時，實際上他們是不允許別人加入交談之中的。此種情況下，你如果強行進入這兩人的交談之中，肯定會引起對方的強烈不滿，甚至還可能導致發生某些誤會。

如果交談的雙方都是側面相對，並形成 60～90 度的角，這就說明交談的雙方是開放性的非親密關係，他們在心理上已經下意識地做好了允許「第三者」插足的準備。因為他們在交談時，已經為「第三者」留出空間。此種情況下，你就可以大膽加入他們的交談之中。

蘇姍與兩個同事談話，她站在兩人中間，身體側向左面的休伯特。主要的談話在蘇姍與休伯特兩人之間進行，蘇姍右邊的琳達感覺自己好像是多餘的，於是自動退出了談話。這時蘇

第二章　肢體語言：洞察細節中的意圖

姍則與休伯特轉為面對面地聊天。

我們通常喜歡面對我們願意接近的人事物，而避免把視線朝向我們所排斥的人事物。在這個過程中，我們以為自己只是把視線挪開，而實際上我們的身體也在潛意識中轉移了角度，於是我們的好惡感就一目了然了。

蘇姍顯然更想要和休伯特講話，於是在三人會談中把身體側向了他。如果休伯特也接受她的好意的話，就會把身體側向蘇姍。那麼，這兩人的身體角度就會在他們與周邊環境之間建立隔閡，讓旁人感到無法介入。

需要注意的是，如果你和另外兩個人一開始是呈開放性的三角形站立姿勢進行交談，但談到一半時，你發現另外兩個人成了面對面的封閉格局，只是偶爾把頭朝向你說上幾句。這就表明，他們想把你擠出這場談話，並用站姿向你暗示：你可以離開了，我倆想單獨談談。此種情況下，你最明智的做法就是趕緊離開，以免成為他們交談中的「第三者」。

逃離動作：看到「三七步」，你該告辭了

想像一下，如果你是個十分健談的人，正對朋友滔滔不絕地描述最近一次出國的經歷，而他趕著要參加同事的婚禮，你興致正濃拉著他不放。你猜他會做出什麼姿勢？是的，他會擺

逃離動作：看到「三七步」，你該告辭了

出「三七步」，即把身體的重心放在一隻腳上,這是一個暗示線索,表明他想要告辭了。

用一隻腳支撐身體重量的姿勢,有助於我們判斷對方當下的打算,因為休息的那隻腳,腳尖所指的方向,往往是離他最近的出口位置。如果你在和他人談話時發現對方改用了三七步,那就表示他想結束談話離開了。

除了三七步,還有其他的肢體語言表明談話者想終止談話離開的意願。

✦ 起跑者的姿勢

起跑者的姿勢即身體前傾,雙手分別放在雙腳膝蓋上,或者身體前傾的同時,兩手分別抓住椅子的側面,就像在賽跑中等待起跑的運動員一樣。這種姿勢也傳達出想要離開的願望。這時你如果注意觀察對方的雙腳,會發現他們通常是兩腿前後分開,一隻腳前腳掌著地,腳跟高高抬起。在你和別人交談的過程中,對方做出這樣的動作,就是他想要離開的暗示。他的身體分明在說：預備,腳踩在起跑線上,我要告辭了……

✦ 兩腿不停地交換位置

這種情形在開會時很常見。與會者的腿通常是交疊的,不停地交換位置,一下子這隻腳壓在那隻腳上,一下子那隻腳壓在這隻腳上,看起來有點像「尿急」的感覺。這是他們想要趕快結束的暗示。

第二章　肢體語言：洞察細節中的意圖

✦ 兩腿交叉，手腳打拍子

兩腿交叉和手腳打拍子，顯示出了對方的焦急。對方的肢體語言明白地向你表明：快點吧，快點結束吧，我要走了。再不快點，我要找藉口逃跑了。

✦ 晃動雙腳，雙手往後撐

如果對方晃動雙腳或是輕輕拍打雙腳，表明他已經不耐煩或厭倦了。晃動雙腳、雙手往後撐是他已經感到疲憊的象徵，他這是在做逃跑的動作。這個姿態的意思是：你說得不累嗎？我聽得都快累死了。趕快結束你的廢話吧！我不想再和你待在這裡了。

簡而言之，很多時候，人們出於禮貌不會直接說想要離開，但他們的腿部語言不會說謊。如果你看不懂他們身體的這些「明示」，很可能會被歸類在不識相的「白目一族」裡！如果你發現對方出現這些硬撐下去的動作，那就識趣一點，結束談話吧。

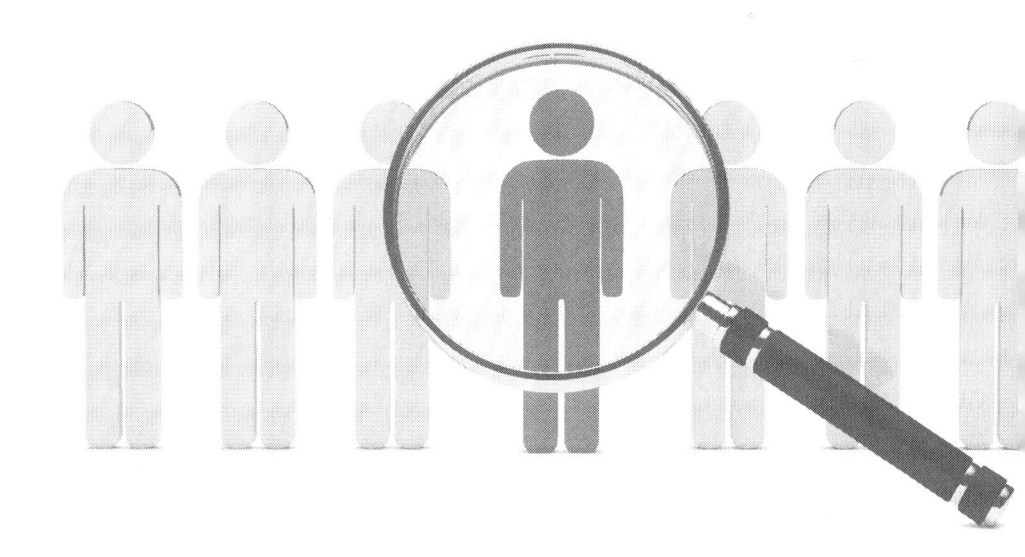

第三章　身體密碼：
從姿態解讀性格

第三章　身體密碼：從姿態解讀性格

習慣垂著上眼皮的人，多老謀深算

生活中，有些人無論什麼時候都習慣垂著上眼皮。他們瞇著兩眼，看起來就像是晚上沒睡好一樣。實際上，常常垂著眼皮的人，往往都是老謀深算的人。他們在表面上給人一種與世無爭、半夢半醒的感覺，實際上腦子轉得比電腦還快，只是不會輕易讓人覺察到。

習慣垂著上眼皮人，大多圓滑世故而又不張揚。平日裡，他們總表現出一副遲鈍、笨拙的樣子，對人也很親切、和善，給人的感覺是個老實忠厚的人。而一旦遇到與他們的利益息息相關的事情時，他們會馬上瞪大眼睛，顯露出老謀深算的一面。他們總是想方設法操控事情朝著有利於自己的方向發展。當然在這過程中，他們習慣垂著眼皮加以掩飾，表面上還是一張老實厚道的臉孔，給你一種欺負他們會有罪的感覺。

其實，他們往往正在算計你呢。仔細一分析就會發現，他們的每一句話和每一個想法可能都是有目的性的。他們習慣做好鋪陳，然後引誘你鑽進他們設下的圈套裡。他們賣了你也能矇騙你幫他們數錢。等他們說完「謝謝」，你冷靜下來一想——唉，原來自己又被他們算計了。此刻再明白也晚了，事情都過去了，只好啞巴吃黃連自認倒楣。於是你終於明白，平時看起來最老實的人，原來是最狡猾的角色！

可見，眼皮雖然是很小的一部分，卻能夠反映一個人的心理。所以，我們可以透過一個人的眼皮初步了解他的稟性。那麼，除了上述所言，眼皮還能說明什麼呢？

從進化論的角度來說，皮下脂肪豐厚的單眼皮，比皮下脂肪單薄的雙眼皮進化程度更高。整體而言，眼皮的主要功用是保護眼睛，單眼皮正是為了更有效地發揮這一功用而進化演變。東方人單眼皮的比例較高，而西方人雙眼皮者居多，這是東方人的優勢。但是，偏偏就有些人，將進化程度較高的單眼皮動手術修成落後的雙眼皮。

研究顯示，單眼皮的人冷靜、邏輯性強、觀察力和專注度均表現良好；思慮深，意志堅強；性格消極，沉默寡言；做事細心、謹慎；雖有持續力，但個性頑固。而雙眼皮的人感情豐富，熱情開朗；順應性和協調性優異，行動積極敏捷。

從下眼皮可以發現過度疲勞的痕跡。比較看看獲得充分睡眠的人和睡眠不足的人，就會發現，睡眠不足的人下眼瞼周邊呈黑色，形成了黑眼圈。過度疲勞、淫樂無度、病魔纏身、鬱悶苦惱等，都會導致這一特徵。當然，一般來說，下眼瞼周邊會隨著年齡增長，相應出現皺紋、下垂等現象。

當大家見到電視新聞主播、有涵養的妻子或濃妝豔抹的女士時，未必能從他們的臉上窺探到有關其性格等方面的資訊，因為許多人都將自己掩飾了起來。但眼皮卻在不經意間洩露了

第三章 身體密碼：從姿態解讀性格

他們心中的祕密。

所以，我們可以多觀察別人的眼皮，如此一來，很多困惑也許會迎刃而解。當然，如果遇到總是垂著上眼皮的人，就要當心了。因為站在你面前的，很可能是頭腦聰明、老謀深算的人。

雙手托腮的人，喜歡幻想

以手托腮，是尋求替代品的行為。用自己的手代替母親或是情人的手，來擁抱自己或安慰自己。在精神抖擻、毫無煩惱的人身上，通常是看不到這種動作的。只有那些內心不滿足、心事重重的人，才會托著腮沉浸於自己的思緒中，藉此填補心中的空虛與煩惱。這樣的人往往熱衷於幻想，喜歡任自己的思緒浮遊於世俗之外。

如果你眼前的人正用手托腮聽你說話，那表示他覺得話題很無聊，你的談話內容無法吸引他；或者他正在思考自己的事，希望你聽他說話。而如果你的戀人出現這樣的舉動，也許他正對沉悶的聊天感到厭倦，希望你給他一個熱情的擁抱呢！

倘若平時就習慣以手托腮，表示此人經常心不在焉，對現實生活感到不滿、空虛，期待新鮮的事物，夢想著在某處找到幸福。想要抓住幸福，不能只是用手托著腮幻想而什麼都不做。守株待兔便是這類人的常態。有這種個性的人在談戀愛時，會強烈

雙手托腮的人，喜歡幻想

渴望被愛，總是祈求獲得更多的愛，很難得到滿足，處於欲求不滿的狀態。從另一個角度來看，這種人因為覺得日常生活百無聊賴，而慣於沉浸在自己編織的世界中，偏離了現實世界，腦中淨是浪漫的情懷。與之交談，往往會出現一些意想不到的有趣話題。

雙手托腮、喜歡幻想的人就像愛撒嬌的孩子，隨時需要呵護，但溺愛也不是好事。拿捏好尺度，適當地滿足他的需求才是上策。而經常做出托腮動作的人，除了要自我檢討這種行為是否是因內心空虛產生的反射動作外，也應盡量充實自己，減輕內心的痛苦，試著透過調整心態，改善表露在外的肢體動作。

生活中，我們還可以看到一隻手撫腮、一隻手扶著另一隻手臂的人。這樣的人警戒心很強，大多數在幼兒時期沒有得到父母充分的愛，例如母親沒有親自餵母乳、總是被寄放在托兒所、缺乏溫暖的身體接觸。在這種環境之下長大的人，特別容易出現這種審視他人的身體動作。如果談話對象在和你交談的過程中，經常以這樣的姿勢面對你，這表示他對你的話有所懷疑，對話題也沒有多少興趣。

有的女演員在電視劇中常擺出雙手托腮或單手托腮的姿勢，因此她給觀眾的感覺，絕不是親切坦率的鄰家小妹，而是高不可攀的淑女。她不是那種會把感情投入對方所說的話題中、陪著流淚或開懷大笑的類型。她似乎永遠都藏有心事、熱衷幻想。

簡而言之，如果你的談話對象總是習慣用雙手托腮或用單

手撫腮,並且顯出一副心事重重的樣子,那麼他多半是熱愛幻想、喜歡浪漫的人。你想和這種人成為親密的朋友,可能還要花上一段時間。

喜歡用手摀嘴的人,多少有些自閉

你的周遭一定有這樣的人,他們笑起來總習慣用手摀住嘴巴。這樣的人性格大多比較內向,屬於十分安靜的人。他們大多心理封閉。同樣地,摀住嘴巴笑的女孩,往往也是容易害羞的人,性格也很溫和。這類人通常不會輕易向他人吐露自己內心的真實想法,包括親朋好友。

就算不笑時,平時也喜歡用手摀嘴的行為,在女性身上比較常見。此類人性格較內向、保守,甚至有點自閉。她們相當自卑,不敢過度暴露自己。如果你是她不熟悉的人,那她會對你抱持百倍戒心,一直竭力隱藏自己,試圖做某種掩飾。即使是在網路上,她也不會向別人多透露一點關於自己的資訊。

一般來說,我們在談話的過程中,都不會非常直觀地談論自己,但在不知不覺、有意無意中,總有透露自己的時候。我們多留心談論內容,多觀察談話者的神態和動作,細心一點,就會獲得一些有幫助的資訊。可是如果你遇到一個在說話時愛用手摀嘴巴的人,想了解他就困難得多了。他通常拒絕談論自

己,包括過往的經歷、自我性格以及對外界事物的態度和看法等。他的性格比較內向,甚至很自卑,沒有特別喜歡、特別厭惡的東西,主觀意識比較薄弱,不太愛表現和公開自己。

即使在你的反覆啟發下,他勉強談論了自己,也只是在單純地敘述,不會加入過多修飾成分,而是習慣將自己置於事外,彷彿在談論一個外人。這樣的人比較客觀、理智,情緒也比較沉著和穩定,通常不會有激動的行為。

與此相反,如果你遇到一個在說話過程中習慣性捂嘴的人,但他卻不迴避和你討論自己,甚至對自己過往的經歷、個性特點等侃侃而談。這表明他是個主觀意識較濃厚、愛表現和公開自己、多少有點虛榮的人,而且城府很深,做出捂嘴的動作無非是在影響你的判斷力。這樣的人特別喜歡表達對外界事物的看法、態度和意見等。一般來說,這樣的人性格大多外向,感情鮮明而且強烈,特別在意細節。

此外,愛用手捂嘴巴的人在戀愛的時候不夠大方。如果他對一個人有好感,不會很明白地表現出來。如果你約這樣的人出去,他會連笑都加以掩飾。到底答不答應你的示好,他會糾結上一段時間。在態度方面,他也表現得不夠大方。因為他天生就不夠有自信,甚至有些自閉。如果你和這樣的人起爭執,他通常會選擇順從你。長期捂嘴笑的人,一旦結了婚的話,男的會懼內,女的會怕老公。

第三章　身體密碼：從姿態解讀性格

手持電話下端的人，個性堅毅

打電話是最常見的行為，透過這一行為，我們往往可以看出動作者的內心世界。很多人都喜歡在通話時緊握聽筒的下端。這種人外圓內方，表面看似怯懦溫馴，實則個性堅毅，對事對人一旦下定決心，永不改變。他們通常很守信用，一旦答應你什麼事，會盡力做好，適合當朋友。

以此姿勢講電話，較常見於男性，他們大都性格乾脆、做事爽快。這樣握聽筒的女性，往往對事物的好惡十分明顯，且固執到底；對事情喜歡憑自己的好惡決定，一點通融的餘地也沒有，因而不大討男性喜歡。

透過觀察可以發現，人在打電話時，還有一些其他的手部動作，如：

◆ **邊講邊信手塗鴉的人**

一邊通話，一邊在紙張上信筆亂畫。這種人大多具有藝術才能，富幻想而不切實際。不過他們獨特的樂觀性格使他們經常可以輕易地度過一切困難。

◆ **用雙手握住話筒的人**

這樣的人很感性，易受外界影響。這樣握聽筒的女性，一旦談起戀愛，便很容易受愛人影響，性格也會隨之發生變化。

這樣握聽筒的男性,大多會有一些陰柔氣質,對於細微的事情,往往也會左思右想,優柔寡斷,不知如何是好。

✦ 用手輕柔地握住話筒,並使話筒與耳朵保持一定距離的人

這樣的人,其行動力和社交活動能力往往相當強,並且非常有自信,十分好勝,也很希望周遭的人能夠關注他。如果是女性,這樣的人一旦遇到她所傾慕的男性時,則會一改以往任性的性格。這樣握聽筒的男性則比較少見。

✦ 邊通話邊用手玩弄電話線的人

做這種動作的多是女性。她們比較喜歡空想,一方面多愁善感,另一方面又有倔強的脾性。她們在電話中一說起來常常會沒完沒了。同樣地,做這種動作的男性較少見。

✦ 用手抓握電話上端的人

做這種動作的女性較多。她們通常有歇斯底里的特徵,只要有一點小事不合心意,就會大發脾氣,情緒改變非常快,所以常常與周遭的人關係緊張。這種女性與異性相處時,愛怎麼樣就怎麼樣,往往使對方束手無策,陷入為難的處境。而這樣握聽筒的男性,多頭腦靈活。

綜上所述,一個人在打電話時,抓握話筒的位置往往可以表露人心。透過這點,我們可以精準地了解他的內心世界。

第三章　身體密碼：從姿態解讀性格

走路時視線向下的人精打細算，朝上的人熱愛生活

孟子曾說過：「觀其眸子，人焉廋哉！」意思就是說：想要觀察一個人，就要從觀察他的眼睛開始。因為眼睛是人的心靈之窗，所以，一個人的想法經常會由眼神中流露出來。而研究發現，一個人的視線，尤其是單獨走路時的視線，總會在無意間展露內心的想法以及喜好。

正常人在走路時視線落在前面大概 3～6 公尺的位置。在有人告訴你有危險或自己感覺到有異常時，視線角度會發生很大變化，可能落在前面 1 公尺左右，步幅自然減小，以應對突發的變化。

但是，如果你細心觀察就可以發現，生活中很多人在平時走路時，視線是向下的，頗有「走自己的路，讓別人去說」的味道。這類人往往小心謹慎，凡事精打細算。這樣的人都比較內向、心機比較重，為人謹慎、多疑，看似無心，實則總是在思索。與他們交流，你能感受到，他們對於能帶來實質性收穫的交流感興趣，重視家庭生活。

在與人交往的過程中，如果你希望深入了解他人的喜好、個性，就需要多留意他人的視線。

◆ 走路時視線朝上

這樣的視線，通常會配合輕快悠閒的步伐，頭微微上仰，

雙手插在口袋裡,嘴裡可能還哼著小調。這類人往往個性質樸,活得輕鬆自然,喜歡自然界的一切美好。一朵花、一隻小狗、一頓晚餐,都能為他帶來身心的滿足。

◆ 走路時習慣平視

這類人個性認真,凡事喜歡就事論事,多半不喜歡拐彎抹角,不喜歡浪費時間,屬於務實派。

◆ 走路時直直盯著某物

平時很容易見到這類人,吸引他們目光的可能是一枝筆、一隻貓。其實,吸引他們的不是這些東西,真正吸引他們的通常和其正在處理的事務相關。這類人往往專注力強,此時,他們正沉浸在自己的世界裡,任由思緒天馬行空。這類人喜歡談論目前手頭上正在進行的事務。

◆ 走路時喜歡東張西望

在走路時喜歡東張西望的人,往往專注力不強。這類人很容易受到外界的干擾,總是漫不經心,好奇心比較強,喜歡新鮮的人、事、物。如果你和這樣的人討論問題,他們往往會反覆問相同的問題。是的,他們根本沒有仔細聽。這就是小時候老師常常說的「注意力不集中」。

綜上所述,每個人走路時的視線有所不同。了解這些細微差異,你就可以從這些司空見慣的動作裡透視人心。

第三章　身體密碼：從姿態解讀性格

浪漫的左撇子，健忘的右撇子

科學家研究發現，人的右腦支配著人體左半邊的活動，負責管理音樂、聲音、色彩、想像等認知，一般被稱為感性腦；而左腦則被稱為理性腦，它支配著人體右半邊的活動，負責理性思考、分析、文字、推理、判斷等。而右腦左腦何者占優勢，則明顯表現在我們的肢體動作上。

以走路時邁開腳這個動作來說，習慣先踏出左腳的人，通常是由右腦（感性腦）主導。他們的肢體動作較溫和，為人善良、熱情，比較有耐心，會主動幫助別人。而習慣先踏出右腳的人，左腦（理性腦）占優勢。他們的動作較強勢，凡事注重邏輯，遇到事情傾向於反覆思考、比較後再做決定。

小林在一家超市賣保暖衛生衣。這天，來了一個女孩。她跨出左腳，興沖沖地奔向保暖衛生衣專櫃，拿起保暖衛生衣的手也是左手。這一切都被小林看在眼裡，她沒有急著介紹產品的品質，而是說：「這款衣服是灰太狼的圖案，穿上會顯得很有活力。」得知女孩是幫男朋友選衛生衣，小林又提議女孩選個情侶款，她說：「妳穿上紅太狼的衣服，既有趣又溫馨，還能讓男友體會到妳的愛……」最後小林一下子賣出了兩件高檔保暖衛生衣。

小林很關注消費者的肢體語言，她總是透過各種方法猜透

消費者的心思。沒多久，又來了位婦人。她冷靜地站在衛生衣專櫃前，用右手翻看衣服的標籤，雙腳交疊，右腳在上。小林面帶微笑地走過來，說：「這件衣服是百分之百純棉的，如果大小不合適，我們可退換貨。」

從上述例子可以看出，小林是個成功的推銷員，她關注消費者的肢體語言，並且會隨機應變地應用到推銷技巧裡。她看準了哪些人需要感性訴求，哪些人需要理性說服，這樣的技巧她屢試不爽。其實，生活中還有很多鮮活的肢體語言，這些舉止向我們展示出左右腦控制下的習慣動作含義。現在，讓我們一起來看看吧！

✦ 浪漫的左撇子，健忘的右撇子

如果你的交流對象是個左撇子，你可以感受到他的浪漫。慣用左手的人很容易接受抽象概念，容易受到影像、聲音、人物的影響，大腦的注意力廣而分散。他的記憶力也不錯，在聽你說話的時候甚至能把你的話前後對比，來確認有沒有前後矛盾。所以有人說不要欺騙左撇子。能讓左撇子感興趣的事，大多是感性或形象化的，他喜歡心靈相通的浪漫情境。

反之，如果你的交流對象是個右撇子，即慣用右手的人，你會感覺到他很理性，很注重邏輯性，甚至會專注於你所說的每一句話，以便於細細推敲。由於他們的用腦特點是將看到或聽到的資訊、畫面等情報以理性方式記憶，所以相當花時間。

例如，他看到一瓶柳橙汁時，會這樣轉換：「這是一個透明的塑膠瓶，有 500 毫升，裝著有果肉的柳橙汁。」由於他的記憶容量不大，所以記憶力不好，有時甚至嚴重健忘。

✦ 感性的人翹左腳，理性的人翹右腳

如果你和他人交談時，發現對方雙腳交疊，左腳在上方，即翹左腳，你要知道，他更喜歡你在談話中說點感性的話語。例如：「我們今天能遇到真有緣啊！」、「你看過卡通影片《蠟筆小新》嗎？」……這些話題往往能引起他滔滔不絕。反之，如果對方的右腳在上，即翹右腳，他往往會希望你能多說一些理性分析的話題。他對數字比較敏感，也習慣用刻板印象來判定事物，很容易產生先入為主的觀念。

綜上所述，在與人交流中，熟悉了左右腦控制下的習慣動作，我們既可以了解先踏出右腳的人理性強勢的一面，也可以用言詞喚起左撇子感性的一面。這些習慣動作往往是他們潛意識裡最原始、最深層的想法。

過馬路的方式是個性的濃縮

在生活中，如果我們仔細觀察，可以發現，同樣是過馬路，不同的人卻有不同的方式。透過過馬路的方式，可以推敲出他們的性格。

有的人眼睛一直盯著紅綠燈,一看見紅燈轉成綠燈就率先邁開步伐,迫不及待地過馬路。這樣的人性子很急,在生活中總被時間追著跑。他們做事的風格通常也是雷厲風行、乾淨俐落,不會拖拖拉拉,而且極有主見。這些人因為常常匆匆忙忙地行動,所以會給人一種對別的事都不屑一顧的印象。但是,他們也有喜歡照顧別人的一面,有事拜託他們,通常都不會遭到拒絕。而且,他們一定會盡量幫忙。不過,他們有點武斷,只會按照自己的想法去做事。

有的人則不緊不慢,看見旁邊的人開始走後,才跟著一起過馬路。這類人通常比較合群,性格隨和、容易相處。但是他們也強烈傾向於按照自己的步調行動,和別人交往時也有自己的防線,比較冷靜。

還有些人,很注意自身安全,總會左右確認沒有車輛才通過,而且多半會站在人群中間。這樣的人很注意自身安全,平時小心謹慎、害怕風險,有時會有些畏縮不前。也有些人,在過馬路時,不在意會撞上迎面而來的人,從中間直線穿越。這樣的人,一意孤行,不會想到別人。他們不願意與人交往,也不太會替人著想。

透過過馬路,就可以判斷人的性格,這說明走路也是有學問的。兩個人肩並肩走在路上,大多時候是互相配合的,盡量走的速度和步調一致。但是,在配合的過程中,不論是小心留意或是潛意識的行為,也會從中看出,是誰有點超前,是誰有些許落

第三章 身體密碼：從姿態解讀性格

後,是誰在故意放慢腳步等等。透過這些細節,也可以看出對方是怎樣的人。

如果你和他並肩走著,他不知不覺走到了你的前面,這說明他是一個性急且好勝的人,因為他會下意識地想要超越你。即使他配合你的步調,也只能說明他具有良好的耐心及自制力,可以壓抑自己的本性。如果他走在你的前面,還露出不愉快的表情看著你,說明他對你有點反感。

而細心留意並配合你走路的人,是對你有好感的。因為他想採取謙和的態度來討你的歡心,以引起你的好感。而不自然地與你並肩行走的人,十分害怕和別人不同。他因為對自己沒有自信而感到不安,所以特意跟別人採取同樣的步調。

而有的人在並肩行走的時候,常常會撞到對方。一般情況下,和對方碰撞一次之後,就會把距離拉開並且改變步伐,以免再次碰到。但是,如果還是會碰到或者撞到,有可能是因為對方節奏感不佳,或者走路的平衡感不佳。排除身體上的因素,且對方在與你產生身體接觸後沒有厭惡感,可以判斷出他對你有好感,因為這有可能是他有意地想要碰觸你。

當然,如果並肩行走的兩個人是情侶的話,對方若和你慢慢地閒晃,是非常喜歡你的表現。因為這樣可以與你親密地走在一起,而慢慢地走,和你在一起的時間就會更長。

另外,當你和朋友一起走在人行道上,這時,對面有一個行

人試圖從你們中間穿過，你們會有什麼樣的反應呢？

實際上，這是一個實驗。透過使人刻意從在人行道上行走的兩個人之間穿過，觀察他們的反應，進而判斷他們之間的關係。一般情況下，他們採取的行動有：兩個人一起移動，讓別人通過；或者，兩個人左右分開讓行人從中間經過。實驗的結果是，一起移動的兩個人，八成以上是情侶。也就是說，如果兩個人關係親密的話，會選擇一起行動。

因此，當你和朋友並肩行走，正面有行人過來的時候，請仔細觀察你身邊的人會如何閃避。如果他的身體向你這邊靠來，表示他對你有好感，想要和你有親密的接觸。如果他遠離你，讓行人通過，表示他對你並沒有好感，只是像對待客人而已。

結論就是，透過觀察過馬路的舉止，就可以初步解讀人們的心理以及性格。

接受讚美的態度，反映一個人的品性

有的人在受到讚美的時候會面紅耳赤，顯得很靦腆。這表示他們溫順敏感、感情脆弱，很容易被別人的批評傷害，更承受不住意外的打擊；富有同情心，在意他人的感受，不會用言語或行動主動攻擊他人。

聽到讚揚的話，有的人會表現出非常驚喜的樣子來表達自

第三章 身體密碼：從姿態解讀性格

己的喜悅。他們憨厚純樸，不喜歡與別人發生衝突，經常犧牲自己的利益來換得安寧；喜歡參加群體活動，交往過程中的大度和慷慨讓他們與別人建立起良好的人際關係。

有的人受到讚美，彷彿聽到風聲一樣無動於衷。他們在工作中兢兢業業，不喜歡因為受到別人的關注而浪費時間和精力；他們以順其自然的態度對待身邊的事情，不喜歡爭強好勝；他們寧願獨處一室進行研究和創造，也不願加入煩雜的團體生活當中。

聽到別人的稱讚，有的人會立刻用相應的讚美回敬，讓對方有收到回報的感受。這樣的人很有個性，不喜歡依附他人，對自己和生活充滿了自信。在人際交往過程中，最講究平等互利，和他們交往可以毫無後顧之憂，既不必擔心吃虧，也不會產生占他們便宜的愧疚感。

有的人經常用詼諧的話語回應別人的讚美，有時會否定對自己的稱讚。他們不喜歡團體活動，不願受到他人的干涉，將更多的精力和時間用於維護自己的獨立空間；幽默含蓄，但又略顯放蕩不羈，其實這是他們故意封閉自己的手段，他們通常不會和別人建立起深厚的情誼。

有的人會在接受別人讚美的時候，用適當的好話稱頌對方。他們心思單純，以助人為樂，經常設身處地為他人著想，能夠對別人的優點給予肯定，別人也非常願意和他們相處；他

們慷慨大方，能夠給予朋友及時有效的幫助，和他們共渡難關。

有的人對別人的稱讚一點都不在意，根本沒有心情為讚美浪費過多時間，總是顧左右而言他來改變話題。他們反應靈活、機智聰明，而且才華橫溢，既現實又幹練；自信和豪放不羈是他們最明顯的性格特徵；他們不過度追求名利，卻有可能成就豐功偉業。

對於稱讚自己的人，有的人能恰到好處地表達出由衷的謝意，給對方彬彬有禮的感覺。他們穩重踏實、注重實際情況、講究實效、富有上進心並善於韜光養晦，經常出其不意地給人驚喜；有著獨立的行事原則，能夠按照預定的目標堅持不懈地努力，不受外界環境影響，更不會招搖過市、不可一世。

快來看，哪些下意識小動作出賣了你

同事為小雷介紹了女朋友。兩人第一次見面時，小雷比較拘謹，說話行事都要經過反覆拿捏。一段時間以後，兩人進展得很順利，小雷也越來越放鬆，說話時開始像平常一樣「手舞足蹈」，加上了很多附帶動作，比如拍手、攤開手掌、用手指指點點。這些動作讓女友很反感，幾次表達不滿。小雷很無奈，這種下意識小動作怎麼控制得了？

有些人與人談話時，只要一張嘴，一定會有手部動作，攤

第三章　身體密碼：從姿態解讀性格

開手、擺動手、拍打掌心等，好像在強調說話內容。這樣的人通常做事果斷、自信心強，習慣在任何場合都把自己塑造成領導型人物，相當具有男子氣概。但是，這樣也容易讓人覺得他控制欲強，喜歡掌控別人。小雷的表現就讓女友感到了壓迫。這些小動作從一定程度上反映出小雷有點大男人主義的個性，所以如果女友不是那種順從型的女性，就會比較反感。

每個人的舉手投足都反映出其心態和性格。所以，大家可以透過對方的一舉一動看透其內心。因為出自無心和習慣的動作，更能真切地反映一個人的內心和個性。現在就讓我們一起來看看人們那些「下意識小動作」！

✦ 時常搖頭晃腦

日常生活中，人們經常搖頭或點頭，以示自己對某件事情的意見。但如果有人經常搖頭晃腦，那麼就不免讓人猜測他是不是得了「搖頭病」，或者精神不正常。

從另一個角度來看的話，我們會發現，這種人特別有自信，以至於經常唯我獨尊。他們也會請你幫忙辦事，但很多時候，你辦得再好他們都不怎麼滿意，因為他們有自己的一套，只是想從你做事的過程中獲取某種啟示而已。他們很善於在社交場合展現自己，卻時常遭到別人的厭惡，對事業一往無前的精神倒是被很多人欣賞。

◆ 拍打頭部

拍打頭部這個動作多半是在向你表示懊悔和自我譴責。他肯定沒把你上次交代的事情放在心上。如果你問他「我交代的事情你處理了沒有」，而他做出這個動作的話，就不需要再問了。

時常拍打前額的人通常都心直口快，為人坦率、真誠、富有同情心，不過有時候有些自卑。在「耍心機」方面，怎麼教都教不會他們。因此，如果你想從某人那裡知道什麼祕密的話，這種人是最好的人選。不過，這並不表示他是一個不值得信賴的朋友，相反地，他很願意替他人著想。這種人如果有什麼地方得罪你的話，請記住，他們不是有意的。

◆ 邊說邊笑

與這種人交談會使你覺得非常輕鬆和快樂，他們有時候連話都還沒講完就笑起來了。他們也不是不在意與別人的交談，只能說這種人「笑神經」特別發達。

他們大多性格開朗，對生活要求不太苛刻，追求「知足常樂」，而且特別富有人情味，也相當自信。無論在什麼地方，他們總會有極好的人緣。這對他們開拓自己的事業本來是極好的條件，可惜這類人大多喜愛平靜的生活，缺乏積極向上的精神。否則，這個世界上的很多東西都會屬於他們。

◆ 待在角落

這種人十有八九屬於自卑型。他們參加各種會議或聚會時，

第三章　身體密碼：從姿態解讀性格

總是找個最偏僻的角落坐下——不過要排除那種昨天熬夜，今天想找一個不易被人發現的角落打瞌睡的人。

喜歡待在角落的人，性格上大都有比較怪異的一面。如果說他無能，他絕對會做出一件事給你看看；如果說他能幹，卻又非常謙虛；大家都說某件事情不能做，他偏要去試試。這類人最不習慣的是拜訪年輕女性，他要站在門前使自己鼓足勇氣才敢敲門。因此，激發這種人的工作積極性的唯一辦法就是稱讚，讓他們感覺到自己有很多長處和優點。

◆ 抹嘴、捏鼻子

這種動作略嫌不雅觀，不過還在無傷大雅的程度。習慣抹嘴或捏鼻子的人，大都喜歡捉弄別人，卻又不「敢作敢當」——他們喜歡捉弄別人卻往往害怕被人捉弄。他們有時候會有些自卑情結，但大多數時候還是開朗樂觀的。他們唯一的愛好是「譁眾取寵」，眼見你氣得咬牙切齒，他們卻在那裡高興得手舞足蹈。從這方面來講，認為他們有點過分也不為過。

這種人容易被人支配。別人要他做什麼，他可能就會做什麼。推銷員最喜歡的就是這種人。也許他根本什麼都不打算買，但只要有人說：「先生，這件很好看。」他就會買下。

站姿，傳達心理的訊號

肢體語言學家指出，人的身體是一個奇妙的訊號發射站，動作構成豐富多彩的肢體語言。如果仔細揣摩，你就會發現，即使是站立這種簡單的動作，也是傳達心理的訊號。

曾有一位美國心理學家拍攝了大量影像資料，經過反覆研究分析，他認為，透過觀察人們不同的站姿，就能捕捉到豐富的訊息。

◆ 標準立正的站姿

這類站姿是相當正式的姿勢，兩腳併攏，自然站立，不表達任何去留的傾向，但多展現服從的狀態。例如，學校的學生們在跟老師說話時，公司的下級向上級彙報工作時，常做出這個姿勢。經常擺出此類站姿的人，一般來說，性格比較溫和，不容易對他人說「不」。在工作中，他們踏實但缺乏開拓和創新精神。開會時，他們還會利用同樣的姿勢表示「不置可否」。他們容易滿足，且不爭強好勝，只是有些急躁。

◆ 彎腰駝背的站姿

站立時彎腰駝背的樣子，說明這個人承受著很大的壓力，他缺乏自信，有自我防衛、封閉、消極的性格傾向，或者他想逃避某種境況或整個生活，不想承擔某些風險和責任。這也就暗示著他在心理上正處於弱勢，具有不安或者自我壓抑的特點。

第三章　身體密碼：從姿態解讀性格

✦ 雙腿交叉型站姿

這類站姿是指站立時雙腿交叉，有的人會同時交叉雙臂。這是大多數人在身處陌生環境時下意識的反應，所以表示動作者有些拘謹。另外，與較熟悉的朋友談話時，若有人以這種姿勢站立，也暴露了他的不自在，或者缺乏自信心。所以，經常出現這種動作的人，大多拘謹、保守、缺乏自信，不喜歡展現自己的性格特徵。

✦ 自信型站姿

這類站姿是指站立時挺胸、抬頭、兩腿分開直立，像一棵松樹般挺拔。具有這種站姿的人通常都很有自信且有魄力，做事雷厲風行，並且往往很有正義感、責任感。男性具有這樣的站姿，非常受女性喜愛。

✦ 思考型站姿

這類站姿是指雙腳自然站立，雙手插在褲子口袋裡，時不時伸出來又插回去，就像是在思考著什麼。擺出這類站姿的人通常比較小心謹慎，在做決定時容易猶豫不決，不知如何是好。工作中，他們通常缺乏主動性和靈活性，無法有效率地工作。如果在交談的過程中，有人擺出這種站姿，表示他有話要說。

這種人在感情上非常忠貞。他們喜歡幻想，常常會構思未來，也因此不願面對現實和承受逆境，是心理脆弱的「理想主義者」。

◆ 攻擊型站姿

這類站姿指的是將雙手交叉抱於胸前,兩腳平行站立。經常做出這種站姿的人,通常性格叛逆,具有強烈的挑戰意識和攻擊意識。他們無論是在工作還是生活中,都喜歡打破傳統的束縛。他們比別人更勇於表現自己,通常能夠更充分地發揮創造能力。

◆ 靠牆站立

習慣靠著牆站立的人,多半是失意者,對外界缺乏安全感,容易傾向於依賴外力來保護自己。他們個性隨和、坦誠,容易與人相處,因此也很容易受到別人影響。

站姿顯示出一個人的精神和心態。注意觀察對方的站姿,也是更加了解對方的有效途徑。

坐姿,反映一個人的內心情感

家裡有客人拜訪,我們首先要請客人就座。殊不知,小小的坐姿深藏大學問。由於一個人的坐姿是從小到大習慣的累積,因此可以看出一個人的性格和情緒。坐姿各式各樣,有的人是不管何時都端坐直立;還有些人身體前傾,靠近桌沿;有的人則是全身向後靠,雙腿張開;有些人會小心翼翼地坐在椅子前端;有的人將屁股全坐在椅子上;還有人乾脆悠閒地半躺在椅子上……

第三章　身體密碼：從姿態解讀性格

這些坐姿都是判定他們心情的可靠依據。

在很多商業交際中，經常可以看見這樣的場景：西裝筆挺的買方遠離賣方，靠在椅子或沙發上，雙腿張開，一副捨我其誰的樣子。聽著賣方在那裡不厭其煩地推銷，看著賣方誠懇的笑容，他似乎胸有成竹，於是稍微咳了一聲表示自己不準備買或接納賣方提供的商品。由此可見，雙腿張開的坐姿展現的是支配的態度，這樣坐的人往往心中早有定見，通常不會認同你的觀點，只會相信自己。

這種坐姿也常見於上司身上。他們往往會盡量將身體往後坐，怎麼舒服怎麼坐，這也表明他們充滿自信、處事冷靜，不會輕易地改變決定。張開的雙腿表明他們樂於交談，樂於聽聽你的想法，但是並不代表他們會輕易接受你的意見。

有時候，與人交流是沒有煙硝的戰爭。該如何讀懂他人，取得他人的信任呢？看似隨便的坐姿、似乎是無意間形成的臀部與椅子的接觸面積，往往都可以幫助我們解讀他人的性格和心理狀態。讓我們看看其他的坐姿傳達出的訊息吧！

◆ 坐姿端正的人小心翼翼

習慣將雙腿和兩隻腳跟緊緊併攏、把手放在膝蓋上、坐姿端正的人，通常性格與姿勢一樣，謙遜溫順、為人正派、小心翼翼且精力充沛。你會感覺他們就像是上足了一天的發條一樣緊繃，毫不鬆懈。這樣的坐姿也是禮貌而防衛的，他們沒有對

你完全敞開心胸。與之交流，你需要留給他們一點空間，讓他們思索。他們對自己的感情非常敏感，隱藏極深，就算與喜歡的人面對面，也不會說出太甜蜜的話語。他們個性單純真摯，善於為他人著想，所以人緣很好。

◆ 坐姿封閉的人內心充滿抗拒

把全身都靠在沙發上，並且雙腿併攏，是內心抗拒的表現。這種封閉的坐姿表明對方還不認可你的話，他想釐清一些狀況，但是沒有頭緒。他嘗試著用舒服的姿勢和你繼續對抗。

◆ 坐姿古板的人缺乏耐心

入座時，有人習慣將雙腿和兩隻腳跟靠攏，手指交叉放在大腿兩側。由於手指交叉是相對自我封閉的手勢，所以具有這類坐姿的人為人刻板，很難接受他人的意見。他們缺乏耐心，容易厭煩，凡事都想做得盡善盡美，但往往沒有能力完成。他們愛誇大其辭，缺少實際行動的精神。

對於愛情和婚姻，他們的觀點都較為傳統，會根據自己構想的「模範」來選擇伴侶，並會在戀愛後迅速步入婚姻的殿堂。他們遵循的理念是傳統的「早結婚，早生子，早享福」。

◆ 坐姿覥腆的人十分友善

有人在坐著的時候，習慣兩個膝蓋併在一起，小腿隨著腳跟分開呈「八」字形，兩手相對，夾在膝蓋中間。這類人非常害

第三章　身體密碼：從姿態解讀性格

差，不擅長社會交際，感情細膩，卻不會表達感情。

工作中，他們是保守的員工，習慣運用陳舊的經驗為依據，沒有創新和突破的能力，容易因循守舊。在生活之中，他們對朋友十分友善，有求必應，感情真誠。他們對待愛情的態度則較為壓抑，常受到傳統思想的束縛，被家庭和社會的壓力所累。

◆ 坐姿無拘無束的人喜歡標新立異

無拘無束的坐姿是指坐著的時候兩腿分開，距離較寬，兩手隨意放置。經常這樣坐著的人，喜歡標新立異，因此可能會成為引導市場消費潮流的「先驅」。他們喜歡與他人接觸，人緣不錯，並且從不在意他人對自己的評論，這一點是很多人難以做到的。所以，他們很適合成為社會運動者或從事類似的職業。

◆ 堅毅型坐姿的人占有欲極強

入座時，有人習慣將大腿分開，兩隻腳跟併攏，兩手放在肚臍部位。這類人有勇氣、有魄力、有行動力，一旦想到某件事情，就會立即採取行動。這一點在愛情上也同樣明顯，他們若對某人產生好感，就會積極主動地說明自己的意向。不過，由於他們占有欲極強，會不自覺地干涉戀人的生活。

這類人屬於不斷求新、挑戰自己的人，他們適合當領導者，具有權威性，並能用自己身上的氣勢威懾他人。

✦ 全身歪一側的人心中有所不滿

交談中你會發現,有些人坐著坐著,全身就歪向了一側,重重地靠在沙發扶手上。這是他們心中對你極度不滿的表現。他們往往是對你談話的內容感到不耐煩,覺得你浪費了他們的時間。有的時候,他們會在做出這種姿勢的同時,用手掌撐著下巴或是握拳,這都表明他們聽累了、聽煩了。這類人喜歡新鮮感,如果你的發言沒有新鮮感,他們會直接表明不想再聽。

✦ 身體前傾貼近桌沿的人會馬上投降

如果你的談話對象身體前傾,上身貼近桌沿,這表明他正全神貫注地聆聽你的話,腦子裡正思索著你提出的問題,並且已經快被打動了。他也許也有點想拒絕,但是找不到說服自己的理由。

✦ 淺坐椅子的人小心翼翼

有些人即使是在熟悉的環境中坐著,也會像當兵一樣只坐椅子的前三分之一。這類人通常在生活上嚴謹、規律,但欠缺精神上的安定感。與這樣的人交往,你會發現,他總是下意識地表現出比你柔弱且處於劣勢。對於以這種姿勢就坐的客人,如果與他談論要事,或託他處理什麼事,還為時過早,因為他還沒有安定下來,就像隨時都會逃跑一樣。

第三章　身體密碼：從姿態解讀性格

✦ 坐滿椅子的人信心十足

有些人在坐下後，會盡量往後坐，臀部占滿椅子，兩手放在肚臍的位置。這類人往往信心十足。他們堅毅果斷，一旦想到某件事，就會立刻行動。他們的占有欲很強，與他交流之後會發現，他甚至會干涉你的想法。

✦ 半躺在椅子上的人怡然自得

如果你的交談對象半躺在椅子上，雙手抱在腦後，擺出一副怡然自得的樣子，你可以肯定他個性隨和，喜歡與他人攀談，與任何人都能打成一片；同時，他善於控制自己的情緒，容易獲得大家的信賴；適應能力強，對生活充滿希望；從事任何職業都十分投入，且能取得一定的成功。

不過，這種人比較自負，好學卻不求甚解，做事比較急躁；理財觀念薄弱，花錢時大手大腳，僅以直覺、心情來進行消費。因此他們時常不得不承受因隨意對待錢財帶來的後果。

這類人的愛情通常比較美滿，能找到帶給自己快樂的伴侶。他們口才極佳，但並不會在任何場合都與人爭論，是否要表達自己的觀點，完全取決於他們當時面對的對象。

綜上所述，了解坐姿的含義，除了可以幫助你和他人進行順暢的交流外，還可以讓你更快地走進他人的內心世界。

第四章　真相之眼：
拆穿謊言的實用技巧

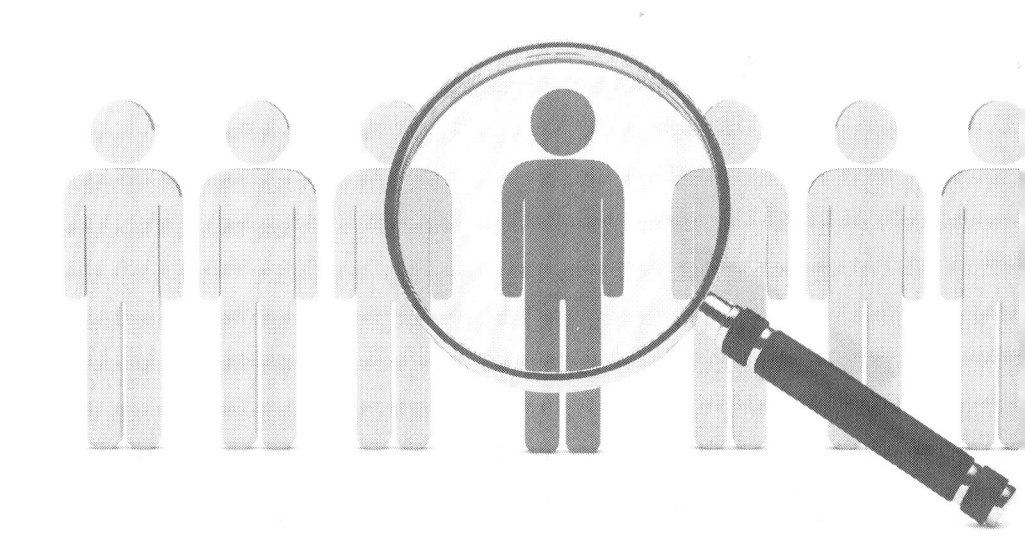

第四章　真相之眼：拆穿謊言的實用技巧

謊言，我們必須面對的事實

我們的大腦從接收到訊號到指揮身體各個部位做出反應的剎那之間，經過了高速而縝密的思考過程。大腦會根據不同的情況分析出最佳的對話策略，於是就出現了所謂的「口是心非」、「言不由衷」等情況。如果有人宣稱他這輩子從來沒有撒過謊，想必任何人都不會相信。我們生活在一個充滿謊言的世界裡，我們無法否認也無法拒絕這一事實，正如法國的沃爾納格所言，人人生來都是純真的，人人死去時都是說謊者。的確，人人都會撒謊，從不撒謊的人大概只有三種：聖人、白痴、嬰兒。撒謊可以說是人類的天性。

例如，一個年年都是「模範生」的小學生為了能夠和同學去郊外野餐，便理直氣壯地告訴父母，週末的作業他都已經完成了，而事實上他才寫了一半。一個剛畢業不久的大學生，雖然只進了一家普通的公司，領著微薄的薪水，但為了不讓家人擔心，會誇口說他進了一家聲名顯赫的大公司，一個月的薪水有多少多少，而事實上他的薪水只有他說的一半。

心理學家告訴我們，說謊是人類有別於其他動物的重要特點之一，是人類社會生活中不可或缺的部分。有研究結果表明，大多數人平均每天會撒兩次大謊。人與人的交談中有三分之一存在某種形式的謊言，但是這其中只有五分之一有被人們察覺到。有80%以上的人曾經為了獲取工作或保住職位而說謊，對

伴侶說謊的頻率更是居高不下。

雖說人人都會說謊，沒有一個人敢聲稱自己是絕對清白的，但人們說謊的頻率確實有所差別。的確有那麼一些人，是可信度極低的謊話大王，這些人正是我們平時最需要提防的人，對於他們所說的話一定要秉持著「批判主義的精神」。當然，你也可以把他們當作你練習識破謊言技巧的最佳教材。

心理學家為我們總結出了最愛說謊的四種人：

◆ 虛榮心重的人

生活中的很多謊言都是因為面子問題而產生的。虛榮心重的人最看重面子，十分在乎他人對自己的評價，喜歡受到關注和讚美，不願意別人看低自己。他們太注重外在的東西，疏於培養個人的素養與氣質，又渴望得到別人的喝采。於是，當憑藉內在實力無法達到這種目的時，撒謊便成了他們最便利的手段。

這類人常常在不熟悉的朋友面前編造一些美好的理想，例如自己的家庭背景有多好，身上戴的首飾值多少錢，甚至自己是哪所知名大學畢業的。當然，這些謊言僅僅是為了滿足個人的虛榮心，如果你識破了也大可不必揭穿。

◆ 自卑感強的人

嚴重自卑的人通常敏感而脆弱，既能敏銳地感受到自己許多不如別人的地方，同時，又極容易把周遭人們對自己的所有

第四章　真相之眼：拆穿謊言的實用技巧

關注──哪怕是關心和幫助──視為對自己的憐憫。因此他們需要一些謊言來安慰自己，或者是藉助謊言來逃避，在別人面前樹立完美的形象。他們以謊言為武器來改變自己在他人心目中的位置和形象，用謊言來安慰、麻痺自己，在幻想中獲得滿足感和認同感。

✦ 過於爭強好勝的人

爭強好勝是一種有助益的特質，一個人積極進取，不甘落於人後，更容易在事業上有宏大成就和作為。但任何事情都有個限度，超過這個限度便走向它的反面。好勝也是如此，事事好勝，時時好勝，總想高出別人一截，這作為理想是很不錯的，但如果把它落實在生活中，則太困難了。

過分好勝的人活得很累，他們事事都想出類拔萃，對自己要求很高。一旦遭遇挫折，往往沒有勇氣面對，只能用謊言編織理由為自己尋找退路，維護面子和自尊。虛構成功的情景矇騙他人或欺騙自己，便時常成為他們的拿手好戲。

✦ 過度以自我為中心的人

趨吉避凶是人的天性，我們每個人在思考問題、處理事情時，都不免會以自我為中心，首先考慮維護自己的利益。但這種以自我為中心的心理應有個限度。如果沒有影響到他人的生活，大家自然可以相安無事。但如果一個人以自我為中心的心理到相當嚴重的地步，在與他人發生利益衝突的時候，只考慮

自己的利益，損人利己的謊言也就隨之而來。

可以說，說謊者在我們的生活中比比皆是。甚至有位西方哲人說，社會就是由謊言組成的，人與人之間就是互相撒謊的關係。這句話當然有些偏激，但不可否認，謊言的確是構成人類日常生活的重要部分。

只要我們稍稍留意一下就會發現，在我們的生活中，隨時隨地都會聽到各式各樣、大大小小的謊言。其中有一些只是善意的欺騙，還有些是惡意的謊言，會對我們造成傷害，因此我們必須學會如何面對謊言，從而有效地保護自己。雖然我們無法阻止別人說謊，但是我們可以學著永遠不上當。

避免眼神接觸的人在說違心之言

大多數人在說謊時心中難免會有愧疚之感，以及擔心謊言被揭穿的恐懼。愧疚和恐懼都會從他們的眼睛裡流露出來。如果對方迴避視線交流、低頭不看對方，或是明顯地把頭偏向一側，都可以說明這個人並不坦誠。說謊時與別人對視，心裡會更加緊張，緊張感就會反映在眼睛裡，因此說謊者本能地轉移視線，以消除緊張感。

避免眼神接觸或很少直視對方，是典型的欺騙徵兆。人在潛意識裡覺得別人會從他的眼睛裡看穿其心思，因此，很多人

第四章　真相之眼：拆穿謊言的實用技巧

會盡量避免和對方有眼神接觸。電視劇中經常可以看到這樣的橋段，一個人懷疑別人在對他撒謊，於是對那個人說：「看著我的眼睛，告訴我，到底是怎麼回事。」而對方卻把頭低下或者轉開，不敢直視對方。的確，眼睛很容易洩漏謊言，持續迴避直視對方和眼神閃爍、飄忽不定是人在說謊的重要特徵。

揉眼睛則是另一種避免眼神接觸的方式。當小孩子不想看到某些人或某些事情的時候，可能會用一隻或兩隻手來揉自己的眼睛。成人也一樣，當他們看到某些讓人不愉快的東西時，也可能會用手揉自己的眼睛。

揉眼睛這個動作的潛臺詞是，不想面對欺騙或是看到其他不好的東西，亦或是不想讓自己在說謊時與別人有眼神接觸，以免自己因心虛而露餡。一般來說，男性撒謊時，可能會用力揉自己的眼睛。如果謊撒得比較大，他會轉移視線，通常是將眼睛朝下。女性撒謊時，不會像男性那樣用力揉自己的眼睛，僅會輕揉幾下眼部下方，同時將頭上仰，以免和對方發生眼神接觸。

頻繁眨眼也是說謊的象徵之一。科學家透過暗中觀察發現，人們在正常放鬆的狀態下，眼睛每分鐘會眨 6～8 次。而這種間隔在非正常狀態下會被打破。所謂非正常狀態就是指內心情緒有較大起伏時，比如因為說謊而緊張，這個時候眨眼睛的頻率就很可能顯著增加。撒謊的人內心無法平靜，承受著擔心謊言被識破的巨大壓力。在這種壓力下，說謊者或許可以控制自

己的口頭表達，卻很難控制肢體語言，於是就會因為巨大的緊張感而不停地眨眼。

當一個人的心理壓力忽然增大時，眨眼的頻率就會大大增加。比如，正常情況下（詐騙專家除外），當一個人撒謊時，由於害怕自己的謊言被對方揭穿，他在說完謊話後，心理壓力會驟然增大。相應地，眨眼的頻率會大大增加，最高可達每分鐘15次。所以，和某個人談話時，如果你發現他老是不斷地眨眼睛，說話也變得結結巴巴，就得留心他所說內容的真實性了。

此外，英國生物學家德斯蒙德・莫里斯（Desmond Morris）在觀察警察審訊的過程時發現，當人們說謊或努力掩飾某種情感時，眨眼時眼睛閉上的時間會比說真話時更長。這是另一種避免眼神接觸的方式，說謊者在無意間透過延長閉眼時間為自己關上「一道門」，從而減輕內心因說謊而產生的愧疚感。

瞳孔與謊言的關係

人類瞳孔的變化無法由人的主觀意志控制，完全是下意識的反應，因此可以真實地反映人的情緒變化。前面已經提到，人的瞳孔會隨著情緒的變化而放大或縮小。無論說謊者的演技多麼高超，也無法掩蓋這一點。瞳孔的變化是人無法控制的，因此只要我們留意觀察對方的瞳孔，就能斷定他是否在說謊。

第四章　真相之眼：拆穿謊言的實用技巧

　　當我們對眼前的事物或者談話內容感興趣的時候，瞳孔就會放大。如果一個人的瞳孔變化和他試圖表現出來的情緒不相符，就可以懷疑他談話內容的真實性。警察在詢問嫌疑犯時經常會用到這個方法。例如，警察想要知道嫌疑犯和另一名嫌疑犯是否相互認識，會把許多張照片一張一張給嫌疑犯看，其中只有一個是目標人物。嫌疑犯看到目標人物的照片時，瞳孔會突然放大然後恢復。警察如果能夠觀察到這個細節，基本上就可以下結論了。

　　關於瞳孔與謊言的關係，俄國有一則故事。一個叫卡莫的俄國人在外國被警察抓獲，沙皇政府要求引渡他。卡莫知道，一旦回到俄國，無疑將面臨死刑。於是他裝成瘋子，企圖以此逃過刑罰。他的演技騙過了一位又一位經驗豐富的醫生，最後他被送到德國一位著名的醫生那裡進行鑑定。這位醫生把一根燒紅的金屬棒放在他的手臂上。為了逃避懲罰，卡莫忍受著巨大的疼痛，沒有喊叫，也沒有露出任何痛苦的表情，但是他的瞳孔因為痛苦和恐懼而放大。聰明的醫生發現了這一點，充分得知他不是喪失了知覺的瘋子，而是一個正常人。

　　可見，演技再高超的騙子也無法控制自己瞳孔的大小變化。故事中的醫生正是利用瞳孔與恐懼情緒之間的連繫發現了欺騙者的破綻。反過來，人們也可以利用瞳孔變化與興奮情緒之間的連繫來識破謊言。

　　第二次世界大戰期間，盟軍反間諜機關抓到一個可疑的人

物。此人自稱是來自比利時北部的「流浪漢」。這位「流浪漢」的言談舉止十分可疑，眼神中露出機警、狡黠的光芒，不像普通農民那麼樸實、憨厚。法國反間諜軍官吉姆斯負責審訊此人，懷疑他是德國間諜。

第一天，吉姆斯問這位「流浪漢」：「你會數數嗎？」、「流浪漢」點點頭，開始用法語數數。他數得很熟練，沒有露出一絲破綻，甚至在德國人最容易露餡的地方也沒有出錯。於是，他過了第一關。

吉姆斯設計了第二招，讓哨兵用德語大聲喊：「著火了！」然而「流浪漢」似乎完全聽不懂德語，一動也不動地坐在椅子上，臉上也沒有任何表情。吉姆斯心想，這個間諜果然不簡單。

吉姆斯絞盡腦汁，想出了一個特別的辦法。第二天，士兵將「流浪漢」押進審訊室。他依然是一副無辜的樣子，十分冷靜。吉姆斯看見他進來，假裝非常認真地閱讀完一份文件，並在上面簽字之後，故意用德語說：「好啦，我知道了，你的確就是一個普通的農民。你可以走了。」

「流浪漢」一聽到這話，誤以為他騙過了吉姆斯，不自覺地卸下了防備。於是他抬起頭深深地呼吸，瞳孔突然放大，眼睛裡閃過一絲興奮。吉姆斯從這短暫的表情中看出了端倪，看來這位「流浪漢」確實會講德語，而且之前一直在偽裝。吉姆斯抓住這個細節，對「流浪漢」進一步審訊，終於揭穿了他的謊言。

第四章　真相之眼：拆穿謊言的實用技巧

綜上所述，瞳孔放大必然和恐懼、興奮等情緒有關連。即使對方的身體一動也不動，一言不發，僅從瞳孔的變化也可以發現他企圖掩藏的情緒，從而揭開謊言。

捂嘴巴、摸鼻子，是典型的說謊象徵

頻繁用手碰觸自己的鼻頭或者不時輕觸嘴唇，是最常見的說謊動作。一旦對方的手離口鼻很近，基本上都有說謊的嫌疑。如果對方在說話時用手捂住嘴巴，那表示連他自己都不相信自己說的是實話。這些手部動作意圖發揮遮掩的作用，說謊者在潛意識裡企圖隱藏真相。

美國前總統尼克森（Nixon）被迫下臺之前，議會對「水門案」展開了調查。國會審問期間，人們驚奇地發現，尼克森經常不斷地用手碰觸自己的臉頰及下巴。

在談話過程中，時而雙手掩面或摸臉，就好像在說：「我不想聽你說這些，我不想再談論這個話題了。」正是因為心中藏有不為人知的隱情，感到非常焦慮，才會不停地用手碰觸臉部。用手捂嘴和觸摸鼻子是兩個典型的說謊象徵。

✦ **用手捂嘴**

這是明顯未成熟、略帶孩子氣的動作，很多小孩特別喜歡做出此種姿勢。當然，一些成年人偶爾也會有此種姿勢。一般來

說，做出此種姿勢的人會在自己說完謊話後，迅速用手捂住嘴，同時用拇指頂住下巴，讓大腦命令嘴不要再說謊話。有時候，某些人做出這一姿勢時，僅會用幾根手指捂住嘴，或是將手握拳，放在嘴上，但其蘊含的基本意義是不變的。還有一些人則會藉由咳嗽來掩飾其捂嘴的動作，以分散別人對自己的注意力。

◆ 觸摸鼻子

觸摸鼻子是用手捂嘴這一姿勢的「變異」，相對於用手捂嘴，它更具隱匿性。有時候，可能是在鼻子下面輕輕地撫摸幾下，也可能是快得幾乎讓人察覺不到地碰觸鼻子一下。一般來說，女性在做出這一舉動時，其動作要比男性輕柔、謹慎得多，這可能是為了避免弄花她們的妝容吧。

關於碰觸鼻子的原因，有兩種較為流行的說法：

其一，當負面的思想進入人的大腦後，大腦就會下意識地指示手趕緊去遮住嘴。但是，在最後一刻，又怕這一動作太過明顯，因此手迅速離開嘴部，去輕輕碰觸一下鼻子。

其二，當一個人說謊的時候，身體會釋放出一種叫做「兒茶酚胺」的物質，會使說謊者鼻子的內部組織發生膨脹。與此同時，一個人撒謊的時候，其心理壓力會陡然增大，血壓也會迅速升高，鼻子就會隨著血壓的上升而增大，這就是所謂的「皮諾丘大鼻子效應」。

血壓的上升使得鼻子開始膨脹，鼻子的神經末梢就會感到

第四章　真相之眼：拆穿謊言的實用技巧

輕微的刺痛。說謊者就會不由自主地用手快速地碰觸鼻子，為鼻子「止癢」。此外，當一個人感到緊張、焦慮，或是氣憤的時候，也會產生這種現象。

看到這裡，可能有讀者朋友會問，現實生活中的確有鼻子真的在發癢的情況啊，那該如何去區別兩者呢？很簡單，當一個人真的鼻子癢時，他通常會用手揉或是搔來止癢，而說謊者是用手輕輕、快速地碰觸一下鼻子。說謊的人可以用碰觸鼻子來掩飾謊言，聆聽者也可以用碰觸鼻子來表示對說謊者的懷疑。

需要注意的是，不時用手接觸口鼻雖然是一個人說謊時最可能出現的舉止，但這絕不代表著只要對方做出了這些動作，我們就可以立即斷定他一定在撒謊。比如，某人說話時之所以捂住自己的嘴，是因為他有口臭，如果我們據此就認為他在撒謊，肯定會傷害到對方的。再如，當一個人陷入沉思而做出以上的動作，通常只是代表他完全沉浸在自己的思考當中。

撕開假表情的面具

人的臉部表情可以說實話，也可以說謊話，而且常常是在同一時間內既說實話又說謊話。在社會生活中，人們時常利用臉部表情來作為掩飾其真實思想感情的「面具」。例如，因違規而遭到交通警察訓斥的司機為了避免把事情弄得更糟，往往故作笑臉，

表現得溫和順從；一對正在家中賭氣的夫妻，一旦有貴客來訪，便會裝出沒事的樣子，笑臉相迎。人們撒謊時，也會擺出虛假的表情來掩蓋真相。為了辨識謊言，我們必須學會如何辨識虛假表情。

虛假表情包括兩種，偽裝的表情和克制的表情。偽裝，即假裝出一種與自己真情實感相反的情感，例如小學生假裝肚子痛請假回家時，臉上裝出的表情。克制，即為了不讓別人發現我們真實的情感，努力控制自己的臉部肌肉，故作鎮定。善於撒謊的人往往會小心翼翼，不讓真實的情感偷偷顯露出來。

無論是偽裝還是克制，虛假表情的表現方式畢竟與自然流露的表情有所不同，最重要的區別即虛假表情總是慢半拍，而且持續時間長。情緒出現的時間快慢是很難人為控制的，由於刻意製造的假情緒不是自然發生的，因此它出現的時間總是會稍微延後，持續時間也會比真實情緒要久，然後又突然消失。

◆ 假表情總是慢半拍

反映內心真實感受的表情被稱為「最初的反應表情」，會在情感產生的一秒鐘之內立刻流露出來，之後才能進行人為的掩飾或偽裝。因此，如果對方話還沒說出口，或者剛開始說話時看起來很生氣，那麼他可能確實被激怒了。相反地，如果他說完之後才開始表現出很生氣的樣子，撇著嘴，瞪大了眼睛，這就是刻意偽裝的表情，並非發自內心的真實情感，對方只是想表現出很生氣的樣子。

第四章　真相之眼：拆穿謊言的實用技巧

✦ 假表情持續時間長

表情持續的時間長短也可顯示出說謊的痕跡。停頓時間長達十秒鐘或十秒鐘以上的表情通常是假的，甚至停頓五秒鐘的表情也可能是不真實的。除了那種極其強烈的情緒感受，比如欣喜若狂、勃然大怒、悲痛欲絕等，自然的表情都不會超過四至五秒鐘。而且，即使是非常激動的情緒，其表情也不可能持續太久，而是一陣陣地短暫出現。

例如，真正的驚訝表情從形成到消失不到一秒鐘，如果有人對你說的話展現出長達三秒的驚訝表情，他多半是故意假裝自己不知道這件事。臉部表情是說謊者最容易偽裝的部分，這讓判斷一個人是否在撒謊變得麻煩。好消息是，臉部表情中總有一部分無法控制，會情不自禁地流露。因此，我們可以透過辨識對方臉上掩飾不住的真實表情來揭穿謊言。

臉頰膚色變化就是典型的緊張徵兆。臉頰的顏色會隨著情緒改變化而發生相應的變化。臉頰膚色的變化是由自律神經系統控制的，難以靠人為控制或掩飾。最明顯的是變紅和變白。

臉頰變紅經常出現在害羞、羞愧或尷尬等情形中，另外，臉紅也是憤怒的表現。憤怒時，臉頰會瞬間轉為通紅，而不是由臉頰中心慢慢擴散開來。當憤怒中的人們想極力抑制自己的怒氣和克制自己的攻擊性衝動時，其臉頰膚色會變得蒼白。當人們處於驚駭的狀態下，臉頰膚色也會變得蒼白。

可見，由臉頰膚色的變化可以觀察到對方真實的情感。類似的線索還有很多，只要在生活中留心觀察，定能有所收穫。

蜷縮的手腳，揭示說謊的祕密

心理學家指出，手勢常常是潛意識的動作，能較為真實地反映說話者的心理狀態。由於人們經常使用手勢，而且手部的動作比腿部的動作更容易觀察，因而手勢是辨識謊言的絕佳突破口。不過，只要我們仔細觀察，就會發現手和腳的動作都傳遞著訊息。

汽車業務小陳最近業績明顯下滑，經理問他：「你這個月怎麼回事，業績還不到上個月的一半？」

原來小陳最近迷上了網路遊戲，每天玩遊戲玩到凌晨兩、三點，早上起不來，工作也提不起精神。被經理這麼一問，他不由得僵住了身子，把雙手貼在大腿兩側，低著頭小聲說：「最近我父親身體不好，需要人照顧。」

像小陳這樣手腳貼近身體，身體僵硬，是明顯的說謊特徵。為了更精準地辨識人們在說謊時的狀態，我們先來回想一下正常情況下的動作和姿勢。當一個人充滿自信、自由自在的時候，手和腳會自然地向外延伸。當他對自己所說的話深信不疑、感到興奮時，會不自覺地運用各種手勢來強調自己的觀點，例如用

第四章　真相之眼：拆穿謊言的實用技巧

手指著別人或指向空中。

反過來說，當人們說謊時，由於集中精力在編造謊言上，肢體語言便會缺乏靈活感，明顯的區別就是手和腳的動作會減少。如果是坐著，他可能會把雙手放在大腿上，雙腿交疊在一起；如果是站著，他可能會把整隻手插在口袋裡，或者雙手緊握，手指蜷向掌心，這是出於防衛心態。說謊者缺乏安全感，因此會做出手腳蜷縮、貼近身體的姿勢。其他典型動作還有把手指放在嘴裡、搔癢脖子以及拉扯衣領。

◆ 把手指放進嘴裡

一般來說，一個人做出此動作往往是下意識的，他可能正面臨巨大的壓力。他之所以會做出這個動作，最主要的目的是想重新獲得自己幼兒時期吸吮媽媽乳汁的安全感，因為在一個人的潛意識深處，吸吮媽媽乳汁是最有安全感的行為。所以，很多孩子在成年以前會用自己的指頭或者衣領來替代媽媽的乳頭，成年以後，他們則會用口香糖、菸斗等物品來代替。而說謊時擔心被識破的不安甚至恐懼，激發了這種吸吮動作，因此很多說謊者會把手指放在嘴裡，甚至咬指甲。

◆ 搔癢脖子

有的人在撒謊時會用食指來搔耳垂以下的脖子部位。如果仔細觀察，你就會發現說謊者通常會搔五次左右，很少會出現少於四次或多於八次的情況。一般來說，搔脖子這一舉動代表

不安、疑惑，或是「我也不確定同不同意」、「應該不會那樣吧」等意思。如果一個人說的話與這一動作相互矛盾的話，就會表現得非常明顯。比如，一個人說「我比較同意你的看法」，與此同時，他又用手搔著自己的脖子，這就表明他心裡其實並不是真正同意你的看法。

◆ 拉衣領

　　肢體語言學家透過實驗發現了一個有趣的現象：撒謊會導致臉部和頸部一些敏感組織產生輕微的刺痛感，為了緩解或消除這種刺痛感，說謊者往往會用手去搔或搓那些產生刺痛感的部位。這不僅說明了為什麼人們在感到不確定的時候會用手搔脖子，也很合理地解釋了為什麼一個人在說謊並懷疑自己的謊言已經露餡時，會不由自主地拉扯衣領。

◆ 避免接觸對方的身體

　　身體接觸通常發生在親密的人之間，是親近的表現。人們在說謊時，會暫時避免接觸對方的身體，以此減輕心中的罪惡感。

　　還有很多類似的安慰動作，在此不一一列舉。下一次，當你看到別人在聽到你的提問後，手腳彎曲成像胎兒的姿勢，動作僵硬，除非他是真的身體不舒服，否則就一定是有所隱瞞。

第四章　真相之眼：拆穿謊言的實用技巧

把頭撇開是因為想要逃避話題

我們已經知道，人們說謊時，會下意識地避免與對方直視，例如低著頭或者移開視線。如果此時說謊者內心十分緊張不安，就會做出進一步的防衛動作，例如把頭撇開，就好像在說「別再問了，我不想談這個話題」。

把頭撇開是人們說謊時的典型防衛動作。如果仔細觀察正在談話的兩個人，會發現如果一個人對話題感到輕鬆自在有興趣，會不自覺地把頭靠向對方，彷彿希望進行更深入的交流。反過來說，如果一個人身體向後，把頭撇開不看對方，這說明正在談論的事情令他感到不安，他想停止談話。清白誠實的人面對別人的責問時，會積極地展開攻勢，因為不想被人冤枉。而心虛的人則會因為不安而做出防衛性的姿勢和動作。

例如，喬安娜和約翰為一件事情而大吵一架。喬安娜認定約翰做了什麼。如果約翰把頭撇開，卻不做辯解，那麼看來確實發生過什麼事情。相反地，如果約翰立刻十分激動地辯解澄清，表示他很有可能是無辜的。

把頭撇開顯露出內心的緊張不安。如果說謊者面對提問極度不安，就會想要逃避，但他不會拔腿就跑，而是從空間中尋求庇護。就好像我們受到威脅時想要躲避逃走一樣，人們在說謊時，心理上處於劣勢，擔心謊言被識破，會不自覺地移開身

體。說謊者絕對不會主動向前靠,而是會退後或者轉身,以此迴避面對指控的窘境。

例如,說謊者會把身體轉向門口的方向,背靠牆壁,而不是坐在屋子中間,因為這樣他看不見背後發生的情況,會更加不安。另一種方式是直接尋找「盾牌」來保護自己,例如緊緊地抱著抱枕、書包,擋在自己的胸前,或者把酒杯放在身前。這些行為都是在兩人之間製造障礙物,好像士兵舉著盾牌來保護自己免於受傷害。說謊的人利用這些物體擋在兩人之間,避免受到言辭的威脅。

換句話說,人們交談時,身體姿勢和動作的開放程度和他的可信度呈正比。一個人的姿勢與動作越舒適自在,就越說明心中坦蕩無欺。因為他知道自己是清白的,所以沒必要緊張不安。而對方如果不敢看你、不敢正面對著你、不敢接近你,那就是說謊的徵兆。

晃來晃去的雙腳出賣了你的心

英國的一名心理學家透過實驗發現了一個有趣的現象:人體中離大腦越遠的部位,越有可能反映一個人內心的真實感情。臉離大腦最近,因此人們常常偽裝出各種表情來撒謊,可信度最低;手位於人體的中間偏下,可信度中等,一個人或多或少

第四章　真相之眼：拆穿謊言的實用技巧

會利用手勢來撒謊；而腿和腳離大腦最遠，相較於人體其他部位，它的可信度最高。一個人腳部的動作往往會洩漏內心的真實情感。當你懷疑一個人在說謊卻看不出什麼破綻時，不妨多注意一下他的腿和腳。

在某次會議上，總經理要求各部門經理彙報近半年以來的工作情況。很快，就輪到陳經理發言了。他整理了一下自己的衣領以後，便面帶微笑地開始總結自己部門的工作情況。在他發言的過程中，總經理覺得有點不對勁。雖然他面帶微笑，但嘴角總會偶爾歪斜一下，拿資料的手也在微微地顫抖。更為奇怪的是，他的雙腳在那裡不停地晃來晃去。稍微思考一下，總經理頓時明白了其中的原因。

會議結束後，總經理讓陳經理留了下來，說有事要單獨和他談談。待陳經理坐下後，總經理單刀直入地問道：「你為什麼要在總結工作時撒謊？」一聽這話，陳經理頓時滿臉通紅，連忙向總經理道歉，並請求其原諒自己。

為什麼總經理知道陳經理在撒謊呢？很簡單，因為陳經理在說謊的時候，儘管做出了一些虛假表情，如面帶微笑，並且努力控制自己的手部動作（其實還是沒有完全控制住，仍舊在微微顫抖），但是他沒有意識到自己在發言時嘴角出現了歪斜；更為重要的是，他沒有意識到自己下半身的動作增加了，如雙腳在那裡晃來晃去，這些恰恰是一個人說謊時經常會出現的動作。而這一切行為，被總經理盡收眼底。

正因為如此,很多企業的總裁總是喜歡坐在不透明的辦公桌後面,讓桌子遮住自己的下半身,這樣他們才感到舒適自在。因為一個人在撒謊時,雖然可以控制上半身的動作、表情,卻無法有效控制下半身,尤其是腿和腳部的動作。

因此,如果某個人的雙腳處於不安狀態,不停抖動或者移來移去,說明這個人的情緒緊張,或者在撒謊,又或是內心處於不安定的狀態。

說謊大王都是「記憶專家」

說謊者在毫無準備的情況下,常常對同樣的問題編造出完全不同的答案,因為他自己也不記得上一次被問到時是怎麼說的了。然而,如果說謊者事先知道將要面臨詢問,精心編造好一套說辭,那麼他就會立刻變身為「記憶專家」,不僅很久以前的小事都能夠記得,而且每次回答的答案都一字不差、完全吻合。

警察在審訊嫌疑犯時經常會運用這一點來做判斷。警察會訊問嫌疑犯三個月前的某一天是怎麼度過的,假如嫌疑犯能夠說出那天去了哪裡、做了什麼,就非常值得懷疑了。除非這一天是某人的生日或其他有特殊意義的日子,否則正常情況下,人們可能連一個星期前的某一天做了什麼都記不清楚,何況是

第四章　真相之眼：拆穿謊言的實用技巧

幾個月之前。

英國心理學家韋斯曼（Richard J. Wiseman）曾經做過一項關於謊言的實驗。他讓知名談話節目主持人羅賓爵士說一段真話，再說一段假話，用錄影機錄下來之後讓大家分辨真假。兩段話的內容如下：

對話一：

韋斯曼：「羅賓爵士，你好，請問你最喜歡的電影是哪一部？」

羅賓爵士：「是《亂世佳人》。」

韋斯曼：「您為什麼喜歡這部電影呢？」

羅賓爵士：「這是一部非常經典的電影，演員都很了不起，男主角是克拉克・蓋博（Clark Gable），女主角是費雯・麗（Vivien Leigh）。整部影片非常感人。」

韋斯曼：「那麼您最喜歡其中哪一位呢？」

羅賓爵士：「哦，蓋博。」

韋斯曼：「那麼您最喜歡的這部影片您看過多少遍呢？」

羅賓爵士：「嗯……我想大概有六遍吧。」

韋斯曼：「您還記得第一次看這部影片是在什麼時候嗎？」

羅賓爵士：「電影剛上映的時候，應該是 1939 年。」

對話二：

說謊大王都是「記憶專家」

韋斯曼:「羅賓爵士，你好，請問你最喜歡的電影是哪一部？」

羅賓爵士:「嗯……應該是《熱情如火》(*Some Like it Hot*)。」

韋斯曼:「您為什麼喜歡這部影片呢？」

羅賓爵士:「哈哈，我每次看這部影片都覺得非常有趣，這部電影裡有很多我喜歡的東西。」

韋斯曼:「那麼您最喜歡其中哪個人物呢？」

羅賓爵士:「嗯，我想是湯尼·寇蒂斯(Tony Curtis)，他實在是太帥了。(短暫停頓)而且他非常聰明，他模仿卡萊·葛倫(Cary Grant)簡直出神入化。電影裡，他試圖抵擋瑪麗蓮夢露的誘惑，可他採取的方式實在太滑稽了。」

韋斯曼:「您還記得第一次看這部影片是在什麼時候嗎？」

羅賓爵士:「電影剛上映的時候，但具體是哪一年我不記得了。」

據羅賓爵士自己表示，他最喜歡的影片是《熱情如火》，而《亂世佳人》則是他看過最無聊的影片之一。我們來具體分析一下兩段對話有什麼不同。

在第一段對話中，當韋斯曼問他最喜歡哪部影片時，他想都沒想就說出了答案。按照常理，人們在回答自己「最喜愛的」一類問題時，至少會稍微做一番評估。只有預先想好了答案，才能反應如此迅速。

其次，羅賓爵士清楚地「記得」自己在多年中總共看了六遍

《亂世佳人》。對於自己看過很多遍的影片,一般人只會記得自己看過「三遍以上」或者「至少五遍」等等大概的次數。「六遍」未免過於精確,有明顯的造假嫌疑。

最後,羅賓爵士清楚地「記得」影片是在哪一年上映的,而且回答得相當迅速。一般情況下,即使是自己喜愛的影片,人們也不會刻意記得它上映的時間,何況是很多年前上映的老電影。這些跡象都表明,羅賓爵士在第一段對話中撒了謊,破綻就是他那驚人的記憶。

綜上所述,說謊大王都是記憶力很好的人。他們的話,說得越清楚越不可靠。

重複出現的數字能透露你在說謊

前面提到過,說謊大王通常都是「記憶專家」,他們能夠清楚地「記得」很久以前的某一天自己去了哪裡、做了什麼;事先編好的說辭可以一遍又一遍地重複,一字不差。但是,一旦涉及數字,就沒那麼簡單了。編造出來的數字會呈現出固定規律,說謊者為了讓自己的說辭顯得流利順暢,通常會落入數字的陷阱中。為了不出錯,他們總是使用相同的數字或者同一個數的倍數。

在一場面試中,面試官詢問應徵者過去的工作經驗。面試官:「你做過幾年的業務工作?」應徵者:「我做過6年業務工作,

分別在 3 家不同的家電公司。」面試官：「談談你在上一家公司工作的情況。」

應徵者：「我負責一個 6 人的業務團隊，曾經連續 3 個月獲得『最佳業務團隊』的稱號。」

應徵者在回答問題時反覆提到 3 和 6 這兩個數字，如果面試官足夠聰明，應該知道這代表著什麼。當數字相關資訊重複出現時，往往並不是「純屬巧合」。

可見，虛構的情節總會顯現出一些特徵。除了重複出現的數字之外，事事完美的情節也是虛構事件的典型特徵。誠實的回答通常同時包括正面和負面的情節，例如對方告訴你今天雖然路上塞車，但是他見到了多年的老同學，兩人聊得很開心。而虛構的情節總是事事完美。

通常，人們在撒謊時總是會忽略掉那些負面的橋段，好讓別人更容易相信，而這恰恰就是謊言的破綻之一。把手機忘在計程車上、飛機誤點等資訊是不會出現在虛構情節中的。不過也是有例外，如果你要求對方解釋約會遲到的原因，他會告訴你路上塞車、出門忘記帶東西又回去拿等等理由。在對這類問題撒謊時，大多數人則會編造一些令人頭痛的負面情節，這就要另當別論。

虛構情節的第三個特徵是不涉及他人的觀點，即第三方的想法和態度。儘管人們說謊時會非常謹慎地編造故事情節，但

第四章　真相之眼：拆穿謊言的實用技巧

是他們通常只能夠顧及自己的思考層面，要把其他人的觀點加進來不是件容易的事，謊言被識破的風險會立刻增加一倍。因此，雖然人們的謊言中常常涉及他人，但是幾乎不會把他人的觀點納入其中。

例如，你問女友週日的行蹤，她說和朋友出去逛街了。具體情況又可能有兩種不同的描述。第一種：「我和娟姐去西門町逛街，她買了兩條裙子。我本來看上一雙高跟涼鞋，可惜沒有我的尺寸。」第二種：「我和娟姐去西門町逛街，她買了兩條裙子，還說我的眼光真好，幫她挑的裙子都非常適合她。我本來也看上一雙鞋子，可惜沒有我的尺寸。」

乍看之下，這兩個回答是一樣的，唯一的差別在於第二個回答中包含了第三方的觀點，即娟姐對「我」挑衣服眼光的評價——這樣的回答更可信。而如果女朋友的回答是第一種，那麼你或許應該再多問幾個問題來試探真假。雖然不涉及他人觀點的回答未必是假的，但包含了他人觀點的回答，通常值得相信。

聽，你的聲音在說謊

人們說話時，不僅說話的內容在傳達訊息，說話的聲音也有其含義。我們可以有意識地控制自己說什麼，但很難控制自己的聲音，特別是在說謊時情緒緊張的狀態下，即使能夠毫不

費力地控制措辭，也很難掩飾自己聲音的變化。情緒會影響我們說話的音調、音質和音量。例如，人們生氣時，說話聲音會變大、語速加快、音調提高。而當人們情緒低落時，說話比平時更慢，而且聲音低沉、音量小。

人們在說謊時音調會變高，而且聲調平平，缺乏抑揚頓挫。這是因為說謊者的聲帶像身體其他部位的肌肉一樣，因壓力而緊繃，所以音調變高。帶有欺騙性質的陳述，不會像發自內心的堅定觀點那樣，帶有抑揚頓挫的變化，而是缺乏變化、平淡無味的聲調。

說謊者的情緒差別也會導致不同的聲調變化。有研究發現，當說謊者覺得自己有罪時，聲音會變得像憤怒的時候一樣，更快、更高、更大聲；當說謊者覺得非常羞愧時，聲音會變得像憂傷的時候一樣，更慢、更低、更平緩。

透過語速也可以判斷一個人是否在說謊。平時沉默寡言的人突然做作地高談闊論起來，我們就可以據此推測這個人藏有不可告人的祕密。平時快人快語的人突然變得沉默寡言，我們就可以據此推測這個人很可能想要迴避正在談論的話題，或者對談話對象懷有敵意和不滿之情。

回答問題的速度也是重要的線索，特別是關於價值觀和信仰方面的問題，作答並不需要時間考慮，但是如何回答會影響別人對自己的看法。因此，說謊的人需要經過較長時間的考慮

第四章　真相之眼：拆穿謊言的實用技巧

之後，才會說出符合主流價值觀的答案。

同樣地，反應速度過快也很蹊蹺，就好像事先已經準備好了答案等著你提問。如果對方平時說話都慢吞吞的，卻突然不假思索地給出答案，那麼這個說法絕對不可信。

除了聲音的變化和語速之外，人們在說謊時還會有其他典型的發言特點。例如在談話中停頓的時間過長或過於頻繁，會延長用來停頓的語氣詞，如：「嗯……」、「哦……」說謊者可能想利用停頓的時間來想好下一步應該怎麼說，或者因為緊張而變得結結巴巴。

根據相關研究，以下說話方式可以視為說謊的訊號：

- 說太多拖延時間的詞彙，比如「啊」、「那」等詞。
- 轉移話題。
- 言辭反覆。
- 口吃。
- 省略發言內容，欲言又止。
- 說些摸不著頭緒的話。
- 發言內容自相矛盾。
- 偷換概念。

以上訊號，如果在對方講話時發現有好幾處吻合的話，那就表明他是在說謊或者有難言之隱。當然，這僅供大家參考。

整體而言，聲音變化是判斷一個人說謊與否的重要線索。當我們聽別人說什麼的時候，也要留心他是如何說的，這樣才能有效地辨識謊言。

拒絕正面回答的人是在迎合

文學作品的描寫方式有正面描寫和側面描寫之分，謊言也是如此。說謊的人通常不願意正面回答你的問題，他們既不想承認事實，又不想赤裸裸地撒謊，所以往往採取折中的辦法來應付你的提問，那就是暗示性的回答。

老師問小玉：「我發現最近你的作業和小芳很相像，她做對的你也做對，她做錯的你也做錯，你們倆是不是互抄作業了？」

小玉低聲說：「我和小芳平時都沒有一起玩，而且我媽媽每天都盯著我寫作業呢。」

像小玉這樣的回答等於根本沒有回答。面對老師的問話，她不能不回答，但又害怕被老師責罵，所以只能用「媽媽盯著我寫作業」來暗示自己是誠實的。暗示性的回答一方面避免了承認錯誤的麻煩，另一方面又可以減輕自己說謊的內疚感。除了暗示的回答方式之外，說謊者慣用的答話方式還有下面三種：

第四章　真相之眼：拆穿謊言的實用技巧

✦ 套用你的話回應你，拖延時間

說謊的人在面對突如其來的盤問時，一時間來不及編好答案，往往會套用對方的提問來回應，以此拖延時間，來準備好一套說辭。對於說謊的人來說，一秒鐘比一分鐘還長，這個時間足以做好準備。

妻子問丈夫：「你是不是偷看我的手機簡訊了？」丈夫有些慌張地反問道：「誰偷看妳的手機簡訊了？」妻子又問：「那你剛才拿我手機做什麼？」丈夫說：「我幹嘛拿妳手機？我以為有電話就幫妳看了一下。」

套用問題作為回應，不需要進行思考，而且顯得反應迅速，這就像早上上班時同事之間互道「早安」一樣自然，根本不需要用大腦思考。除了反問和重複對方的話之外，另一種套用方式就是把肯定句換成否定句作為回答。如果對方說「你撒謊了」，心虛的人會回答「我沒有撒謊」，而清白的人會回答「我說的是實話」。

✦ 利用反問來拖延時間

就像套用你的話來回應一樣，反問也是故意拖延時間以編造謊言的手段。反問對方有時比套用對方的話更有效，因為反問之後對方還需要時間回答，這又為說謊者爭取到了更多編造說辭的時間。常見的反問伎倆有：「你這是什麼意思？」、「你怎麼會問我這種問題？」、「你聽誰說的？」、「你覺得呢？」

說謊者不但利用反問來爭取思考時間，還可以突顯自己的氣勢，一副理直氣壯的樣子。

✦ 主動提供更多「資訊」

說謊的人知道，如果自己什麼都不說，就是心虛的表現。因此他們可能反其道而行之，不但大大方方地回答你的問題，還主動提供更多相關資訊，一直到對方相信為止。

媽媽問兒子週六一整天都去了哪裡，兒子撒謊說去市立圖書館看書。見媽媽一臉懷疑，兒子又接著說：「我還在圖書館遇見了小明，他說他每個週六都去那裡看書。」媽媽沒說話，轉身繼續切菜。兒子趕緊又說：「小明還要我下週五去他家幫他過生日，他還請了好多同學。」

就像這樣，說謊的人急於確認你是否理解了他的意思。如果你表現出懷疑的神情，他就會繼續提供更多「資訊」作為證據，可能會牽涉更多的人物和事件。因為人們往往相信，描述得越具體的事情越有可能是真的。

✦ 說溜了嘴

很多說謊者都是由於言辭方面的失誤而露餡的，他們無法仔細地編好想說的話。即使是十分謹慎的說謊者，也會有失言露餡的時候，佛洛伊德稱之為口誤。人們常會在言辭中違逆自己的真意，同時在內心中潛藏著矛盾，以致稍一大意就會說出本不想說的或相反的話，從而在口誤之中暴露了內心的不誠實。

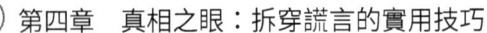

第四章　真相之眼：拆穿謊言的實用技巧

說謊者要壓抑自己，不能提到某件事或不說出自己不願意說的東西，但又因某些原因而「說溜了嘴」。因此，偶然出現的口誤有時恰恰就是真相所在。

✦ 漫不經心地描述一件重要的事

當我們不希望某件事情引起別人的注意時，會盡量使用平淡的語氣來敘述，最好是輕描淡寫地一筆帶過。這也是說謊者常用的手段，他們會淡化處理那些可能引起你懷疑的事情。

例如，你和妻子一邊吃飯一邊聊天，她忽然說：「哦，對了，我明天晚上要去參加一個朋友的生日聚會。爸爸的生日也快到了，我們想想準備什麼禮物吧。」如果你的妻子平時除了工作以外很少出門，更不喜歡去人多熱鬧的地方湊熱鬧，而她也一點也不重視朋友的生日聚會，那麼明天的活動就疑點重重。快速地將話題轉移到父親的生日上，表明她企圖轉移你的注意力，可見事情一定有蹊蹺。

# 第五章　品味之窗：
生活習慣與內心世界的對應

第五章　品味之窗：生活習慣與內心世界的對應

T恤的選擇是性情的流露

西方有句俗諺：「你就是你所穿的。」可見，服裝除了能幫助人們驅寒蔽體，還是展現自己風姿和特色的媒介。它們能夠向他人無聲地傳遞你的個性、職業、教養等資訊。所以，任何人都不應該小看衣著的作用，它甚至能幫助人們更自然地融入社會當中。

時至今日，T恤已經成了夏日裡最普遍而且最受歡迎的服裝，男女老少皆宜。在過去，T恤只是用來保暖和吸汗的內衣，可是現在，它已演變成一面大眾告示牌，可以任意在上面留下或記錄各種情緒和想法。所以，我們可以由選擇什麼樣的T恤直觀地看出一個人具有什麼樣的性格。

習慣選擇沒有圖案的白色T恤的人，多數是比較獨立的人。他們不會輕易地向世俗潮流低頭，通常都具有一定程度的叛逆性格，但表現的形式往往不是特別明顯且恰當。

喜歡選擇沒有圖案的彩色T恤的人，自我表現欲望並不是十分強烈，甚至可以甘於平庸，做一個默默無聞的人。他們多數比較內向，不喜歡張揚，而且富有同情心，在自己能力許可的範圍內，會去關心和幫助他人。

喜歡在T恤上印自己名字的人，多數思想開放且時尚前衛，能夠很輕鬆地接受新鮮的事物，對一些陳舊迂腐的老觀念多持

排斥態度。他們的性格比較外向，喜歡結交朋友，為人真誠且熱情，所以通常會有良好的人際關係。他們也很有自信，有一定程度的隨機應變能力。

喜歡 T 恤上印有各種明星的畫像及與之有關的東西的人，多屬於追星族。他們對那些人十分崇拜，並且希望自己有朝一日能像他們一樣。他們很樂於向別人表達自己的這種心理。

喜歡 T 恤上印有一段幽默話語的人，多具有一定的幽默感，而且很聰慧。另外，他們具有很強的表現欲，希望能夠引起別人的注意。喜歡穿印有學校名稱或大企業象徵的 T 恤的人，希望他人知道自己的身分，並且對自己所在的學校或組織具有一定的感情。他們希望能夠吸引一些志同道合的人。

喜歡穿印有著名景點圖案 T 恤的人，對旅遊總是很感興趣。他們大多具有外向的性格，對新鮮事物的接受能力很強，而且具有一定的冒險精神。他們的自我表現欲很強，希望把自己所知的一切都傳達給他人。

眼鏡的樣式暴露心境與意圖

眼鏡最初是為了矯正近視或保護眼睛而使用的工具，但現今它早已超出了原本的使用概念，成了具有多種功能且富有裝飾意義的大眾用品。眼鏡除了矯正視力、過濾陽光、阻擋風沙

第五章　品味之窗：生活習慣與內心世界的對應

等實用價值外，有的人戴眼鏡，甚至就是為了美觀或營造氣質。

眼鏡的框架普遍具有修飾臉型的作用，戴上眼鏡的同時也改變了自己原來的面貌。不同的樣式對臉型的修飾作用也不一樣，從中可以大致解讀人們渴望改變自己的程度。

✦ 無框眼鏡

無框眼鏡對臉部形象的改變不大，因此戴無框眼鏡的人，是希望盡量不改變原本面貌的人。也就是說，他們對自己很有自信，為人很謹慎，不太重視裝飾，對於虛偽和做作的人不屑一顧。

✦ 金屬細框眼鏡

男性戴金屬框眼鏡通常會顯得更為成熟穩重。喜歡戴這種眼鏡的男士，希望別人認為他們斯文，有著學者風範。這種人喜歡追趕潮流，給人很現代的感覺。

女性戴金屬框眼鏡也會顯得更加知性。有的女性寧願冒著給人死板印象的風險也要戴眼鏡，只因為她們覺得自己戴上眼鏡之後看起來充滿知性。在她們看來，知性比女人味更重要，或者說知性是另一種別具風味的女人味。

✦ 粗框眼鏡

改變形象程度最大的是塑膠框眼鏡，例如衝擊力十足的黑色粗框眼鏡。和選擇其他眼鏡的人比起來，戴粗框眼鏡的人有

強烈的「變身」欲望，大膽而樂於改變，願意嘗試新鮮事物。

不同形狀的鏡框也會給人不同的印象，同樣能反映出「想呈現的自己」。正圓形或方形的眼鏡的很少見，而趨近於圓或方的程度，正可以反映人的性格特點。

✦ **戴橢圓形眼鏡的人**

性格隨和，不喜歡極端表現，喜歡溫和的風格，總是與他人步調一致，從不會反對他人以貫徹自己的主張。也有人會因為面對不同的人而改變想法，不堅持自己的意見，很優柔寡斷。不過戴這種眼鏡的人，也有可能是控制欲強烈的人。他們因為討厭這樣的自己，所以戴上讓人感覺柔和的眼鏡。

哆啦A夢漫畫中的主角「大雄」戴的眼鏡鏡框是正圓形的，「雖然功課不拿手、常常因為小差錯而失敗，但豁達開朗、人很好」，這種鏡框的樣式非常適合他這樣的角色。然而現實生活中很少看到戴圓形眼鏡的人，那種人非常容易引起他人注意而且很自以為是。他們因為強烈感受到自身的獨特性，所以價值觀也有所偏頗，對於任何事都有獨到的見解，對人或事物有嚴格評斷的傾向。

✦ **戴方形眼鏡的人**

對於這類人而言，營造知性氣質是非常重要的。他們對於知識性的事物懷有憧憬，為人內向，一本正經。他們的思考模式以符合正統為基準，對事物的看法傾向於「非黑即白」的二分

法，容易被人形容成「一本正經」、「說一不二」。

不同的喜好反映出不同的心理狀態，對眼鏡的偏好，也是人們性格特徵的外在表現。

帽子的款式與個性緊密相連

帽子不僅有禦寒、遮陽的功能，還是美觀、幫人塑造形象的配飾。世界各地都在生產各式各樣的帽子，出入任何一家娛樂場所、大型酒店餐廳，都會看到衣帽間，這說明帽子對於一個人來說，有著十分重要的作用。

✦ 愛戴禮帽的人

愛戴禮帽的人都認為自己穩重且具有紳士風度。這種人的願望是讓人覺得他沉穩成熟。在別人面前，他們經常表現得非常熱愛傳統。除帽子外，這種人所穿的皮鞋任何時候都擦得明亮，所穿的襪子也一定會給予人厚實的感覺。即使是炎熱的夏季，他們也會拒絕穿絲襪，同時也討厭穿著涼鞋或拖鞋走路。他們看不慣很多東西，很清高，有些自命不凡，認為自己是個做大事的人，進入任何一個行業都應該是主管級的人物。

✦ 愛戴旅行帽的人

旅行帽既不能禦寒也不能抵擋太陽的照射，純粹是作為裝

飾用途。這類人用旅行帽來裝扮自己，意圖表現某種氣質或形象，或者掩飾一些自己認為不理想或者有缺陷的地方。

由此來看，愛戴旅行帽的人並不是心思真誠的人，而是善於投機取巧的人，因此真正了解他們的人少之又少，而一般人所看到的只是他們的外表。

✦ 愛戴鴨舌帽的人

一般來說，有點年紀的人才戴鴨舌帽，鴨舌帽能突顯穩重、辦事踏實的形象。戴這種帽子的男士會認為自己是個客觀的人，從不虛榮，面對問題時，不會因為一些旁枝末節而影響大局。有時候他自以為是個老練的人，在與別人交往時，就算對方胸無城府，他還是喜歡兜圈子，就算把對方搞得暈頭轉向，也不說出自己的心思。

✦ 愛戴彩色帽子的人

愛戴彩色帽子的人非常清楚在不同的場合，或身著不同顏色的服裝時，應該佩戴不同顏色的帽子。這說明他們是天生會搭配且衣著時尚的人。

這種人喜歡色彩鮮豔的東西，對時下流行什麼非常敏銳。每當出現新鮮玩意兒，他們總是最先嘗試，希望人家說他們的生活過得多姿多彩。他們懂得享受快樂人生，並且總是以跟風者的身分走在時代前端。

第五章　品味之窗：生活習慣與內心世界的對應

這種類型的人也是害怕寂寞的人，因為他們精力旺盛、朝氣蓬勃，那顆不甘寂寞的心總是使他們躁動不安。他們經常邀請夥伴們一起到燈紅酒綠之地盡情玩耍。當最後一支舞跳完後，那種曲終人散的寂寞滋味便會油然而生。

◆ **愛戴德比帽的人**

愛戴德比帽的人對任何事情都可能產生興趣，但從不表達自己的看法，即使有看法也是附和別人的論點，好像自己沒有什麼主見似的。

但他並不是真的沒有主見，只不過是個老好人，不願隨便得罪別人，哪怕是最不起眼的人。

這種類型的人忠實肯做，相信只有付出才有收穫。在他平和的外表下有自己執著的觀點。他相當痛恨不勞而獲的人，相信「君子愛財，取之有道」。對不義之財，他從來不讓它玷汙自己的手。

以「鞋」取人，看出對方的性情

在英國，人們常常以「鞋」取人，因為，他們認為鞋子展現出一個人的真實情況。所以，在觀察他人時，不要認為鞋是微不足道的，它一樣能反映一個人的性格特點。

從古羅馬時代開始，人們就開始用鞋來顯示一個人的身分。而出身高貴或者受過良好教育的人，幼時就會接受這樣的教育──鞋不僅僅發揮保護腳的作用，更是一個人的身分象徵。同樣地，從一雙鞋中，還可以看出這個人的性情。

◆ 偏好運動鞋

這類人喜歡輕鬆舒適的生活環境，是一個態度正向樂觀的人。他們待人親切和善，是令人感到輕鬆和愉快的朋友。但他們生活規律性不強，比較隨便。

◆ 始終穿同一款鞋

鍾情於一個品牌、一種鞋子的人，**屬於思想獨立型**。他們很重視自己的感受，不願意受他人左右；清楚自己的喜好，做任何選擇都不會違逆自己的心；思想獨立，做事謹慎小心，只在深思熟慮後做決定，並會竭盡全力去完成；重視家庭和朋友，是忠誠且專一的人。

◆ 喜歡穿露出腳趾的鞋子

這種人因為願意暴露自己的腳部，因此大多是外向的人，思想比較前衛，性情直率爽朗。他們身上總是具有朝氣和自由的特徵，善於與人結交，並且說到做到、為人灑脫、拿得起放得下。

第五章　品味之窗：生活習慣與內心世界的對應

✦ 鍾情於沒有鞋帶的鞋

普通的無帶鞋，就如同普通的他一樣，沒有任何特別之處，中規中矩、傳統保守。他們依循大眾的想法，表現欲望並不強烈，但是非常追求整潔。

✦ 偏好時髦鞋款

追求時尚、與流行同步的人，是永遠不會落後的時尚群體成員。基於對時尚的敏感度，他們容易接受新鮮事物，表現欲和虛榮心很強。不過，他們時常不考慮時尚的東西是否與自己的氣質吻合，有不切實際的傾向。他們做事缺少周全的考慮，就像一味追求時尚一樣，容易顧此失彼。

✦ 偏好高跟鞋

這類人以女性居多。儘管知道高跟鞋對自己的身體有害，但愛美的女性仍願意嘗試。這樣的人認為高跟鞋可以讓自己的身材更完美，走路的姿態更優雅，希望能引起他人的注意，因此是表現欲望極強的人。

✦ 偏好靴子

這類人通常自信心不強，因為靴子對腳部的遮掩比一般的鞋要多，這是他們追求安全感的一種特殊表現。而標新立異的靴子也能帶給他們一些自信心。此外，他們總是對外界環境保持警惕，懂得在適當的場合和時機將自己好好地隱藏起來。

◆ 偏好拖鞋

他們是最隨意的一群人，喜歡在毫無壓力的狀態下追求自己的感受，很懂得享受生活。在做任何事情時，他們都不會苛求勉強，喜歡順其自然，並且不會為了任何人輕易改變自己。

◆ 偏好坡跟鞋

除了考慮身高的因素，喜歡穿坡跟鞋的人也多是女性。她們是腳踏實地、思想獨立的人；通常受過良好教育，因此是注重內在而不注重形式的人；大多為人低調、崇尚自然、不愛慕虛榮，討厭那些矯揉造作的人。

在愛情上，她們崇尚浪漫和熱情，但絕不會隨意玩弄他人的感情。無論是對他人或自己，她們都非常負責任，對每份感情都很認真。

一杯咖啡，帶你走進他的內心世界

咖啡從 16 世紀開始被歐洲人視為上流社會的高級飲品，如今已經是日常中的常見飲料，成為人們生活中不可或缺的飲品。不同的是，每個人偏好的咖啡不盡相同，有的喜歡自己沖泡的即溶咖啡，有的則愛好咖啡廳裡的現磨咖啡。一切都像冥冥之中安排好的一樣，極其自然。但這些，已經在無意之中開始洩漏人們的祕密了……

第五章　品味之窗：生活習慣與內心世界的對應

◆ 選擇即溶咖啡

　　這類人具有極強的時間觀念，喜歡集中時間做工作，並期望盡快看到成果。但由於缺乏足夠的耐性，通常無法取得良好結果。他們無法從事細緻的工作，更少有長遠的規畫和切實的實踐，難有大成就。

◆ 選擇濾泡式咖啡

　　這類人是典型的完美主義者，對自己想擁有或已經擁有的東西特別關注，而且捨得付出，並追求最好、最完美。不過，現實中他們難以得到期待的回報，應當學會降低自己的要求。

◆ 選擇自磨咖啡

　　這類人個性鮮明，追求自由獨立，不喜歡受人擺布。他們勇氣十足，喜歡嘗試和挑戰。儘管莽撞的行為讓人擔心，但他們卻往往能用勇氣征服周遭的人，讓人留下深刻印象。

◆ 選擇喝電煮壺煮的咖啡

　　這類人憂患意識很強，通常能在事情未發生前就做好準備。他們為人處世謹小慎微，在對自己有利害衝突的事情上絕不會輕易越雷池一步，但對於朋友和親人十分熱情，常在對方遭遇困難時出手相助。

　　除了可以透過人們選擇的咖啡種類來判斷個性外，拿咖啡杯的姿勢，也是窺探性格的一條密道。通常，喝咖啡者持咖啡

杯的手指位置，透露著其個性傾向。

✦ 拇指與食指扣住杯耳，小指放在杯底

這類人是典型的優雅主義者。他們舉止大方、富有魅力，常常吸引周遭的異性，非常有人緣。在感情上，他們屬於敢愛敢恨的典範，但這份感情，來得快，去得也快。

這類人性格正向樂觀，領悟力強，學習能力強，通常有極高的藝術天分。他們喜歡成為人們注目的焦點，總想將自己最性感、有吸引力的方面展現出來。

✦ 拇指與食指緊扣杯耳，其他手指蜷起

這類人對自己很有信心，能夠堅持自己的主張。他們對於自己喜好的事情或活動能夠全心全意地投入，並隨時隨地都能進入工作狀態。他們理性、謹慎、大膽，具有極強的應變能力、分析能力和判斷力。

✦ 拇指與食指扣住杯耳，其餘手指伸直

這類人性格外向、活潑，喜好團體活動。但由於他們生活態度浮誇、輕佻，很難得到別人的信任。他們做事欠缺考慮，時常會出狀況，且以談論別人的隱私為興趣，是讓眾人頭痛的「問題人物」。

✦ 直接用手握著咖啡杯

這類人聰明、腦筋敏捷，嚮往自由自在的生活，為人圓滑

第五章　品味之窗：生活習慣與內心世界的對應

而有方法，但因內心始終在追求新鮮事物，因此他們常被各式各樣的事情分散了精力。倘若他們能集中精力做喜好的事情，將成就遠大的夢想，尤其是他們不拘一格的想法，會讓一切困難都得到解決。

✦ 拇指與食指扣住杯耳，小指向外伸直

這類人性情溫和、心思細膩，是善良而溫順的人。他們有極其敏感的心靈，容易受到外界影響。同時，他們不擅長表現自己的情感，尤其是在愛情上，更是十分被動，即使面對心儀的對象也會羞於將感情表現出來。由於溫和的性格，他們容易得到老闆和朋友的信任。

不同的手機，不同的心機

手機是現代社會中必不可少的通訊工具，但你是否知道，一個人的手機也會隱藏他的心機。掌握了這一點，下次你就可以透過手機來看透對方的心思了。

✦ 簡單、方便的普通機型

個性分析：他易於交往，因此可以結交很多朋友，朋友也為他創造了更多的人生機會。但是，他也容易從眾，往往不知道自己真的需要什麼，經常迷失在朋友的意見裡。

情感分析：他原則性不強，雖然力求做一個有原則的人，卻常常讓自己處於矛盾之中，放棄了原來的看法，因此對人忽冷忽熱，意志不夠堅定。因為欠缺感情分析能力，所以他只有在朋友和家人的支持下，才能順利談戀愛。

◆ 外形極酷的金屬機型

個性分析：喜歡使用這種機型的人大多生活適應能力強，人生機遇好，隨時隨地都能把握人生機會。但如果他沒有堅強的意志，很容易半途而廢。他看起來合群，實際上只是因為懂得隱藏自己。他個性獨特，不容易讓別人了解，內心很孤僻。

情感分析：他可以輕易地交朋友，卻不是容易談戀愛的人。他喜歡隱藏自己，很難讓別人走進內心世界。因此他常常是孤獨的，除非遇見一個真心喜歡的人，引起他熱情地追求，而對方剛好也很喜歡他，才有戀愛的機會。如果他沒有遇到合適的伴侶，寧願孤獨地生活。

◆ 可換彩殼的流行機型

個性分析：他嚮往放蕩不羈、輕鬆自在的人生。雖然他為人善良、真誠、爽快，喜歡讚美別人，包容別人的短處，使很多朋友願意親近他，但是，過於淺顯的心思使他缺乏吸引力。

情感分析：他從小到大就有不少戀愛的機會，卻都無法長久，難以深入發展，因為他不知道別人需要什麼，也不關心別人需要什麼。他只顧自己投入，雖然付出很多，但很難打動別人。

第五章　品味之窗：生活習慣與內心世界的對應

◆ 防水耐震的運動機型

個性分析：因為性格開朗、熱愛運動，所以他天生看起來相當陽光。人緣不錯，身邊經常圍著許多同性或異性朋友，不過卻不會交友過濫。

情感分析：運動機型最大的特點就是持久耐用，因此，雖然他看起來可能有點「花」，內心追求的仍是天長地久的戀情。如果真正遇到值得他去爭取和守候的感情，他所表現出來的執著也是讓人吃驚的。

◆ 對機型沒有特別要求

個性分析：他是個工作至上的人，只有工作著，才能感到自己生活著。因此，只有愉快的工作才能讓他有愉快的生活。一旦失去了工作，或者沒有喜歡的工作，他就開始質疑自己的價值。他最大的優點在於敬業，但過分地敬業也讓他活得並不輕鬆。

情感分析：他在戀愛方面很被動，如果沒有足夠的熱情擦亮愛情的火花，恐怕他還以為自己是個不注重愛情生活的人。雖然經常淡化愛情，但他不是個沒有責任感的人。對家庭與事業，他都相當看重。在他的觀念裡，浪漫的愛情只是生命的點綴，平衡家庭與事業的關係才是生命的根基。

綜上所述，手機雖然是再普通不過的東西，但是，我們可以透過一個人對手機機型的選擇，來了解他的性格特點和內心世界。

接電話，讓一個人的性格顯露無遺

電影《2046》中有一段章子怡的精采表演——打電話。她經常用公用電話長時間講電話，姿態各異。也許你只顧欣賞她的小動作，卻忽略了其中有很多訊號。知道嗎，電話不僅是人與人交流頻繁使用的通訊工具，還可以「出賣」一個人。

◆ 電話響起，立即接

這類人是典型的循規蹈矩者。無論在學校還是公司裡，他們都是嚴格遵守規則的「優等生」，表裡如一，生活也中規中矩。但遇到意外的情況時，他們缺乏應變能力，會緊張得不知所措。

◆ 電話響起，很久才接

這類人在生活中是性情悠閒自在的人，個性散漫，對很多事情都不在意。他們做事相對隨性，會盡可能按照自己的方式去做。即使被別人要求更改方式，也仍要在自己的標準之內調整。他們因不善與人交際，所以不喜歡接電話。

◆ 除了自己的電話，一概不接

這類人是較為獨立自私的人，總是抱著「別人是別人，我是我」的想法。他們缺乏團隊的協調性，並容易破壞規則、反抗長官。但若工作能力強，他們仍會有所成就。

第五章　品味之窗：生活習慣與內心世界的對應

✦ 接電話時，聲音很大

這類人有極強的表現欲，通常不需要任何理由，就會誇大自己的存在。他們由於自我意識強烈，和他人談話時，容易輕視別人的感受。

他們認為周遭的人都和自己一樣，並傾向於忽視不認識的人，有時舉動不通人情。

✦ 不分場合，自顧自地講電話

這類人性格較為自私，不會顧慮自己是否帶給他人麻煩和干擾。他們凡事以自我為中心，很難相處。如果受到什麼外界影響，他們會把全部注意力轉移過去，甚至會完全忘記別人的存在。

✦ 總愛在別人面前確認手機是否有來電

這類人總是想著「早點結束吧」，所以才有心不在焉的舉動。這樣的行為十分失禮。他們由於不善於表達自己的感情，因此在別人面前談某件事時，會覺得很困難。但如果能改進自己的弱點，他們就能變成個性溫和的人。

很多人在打電話的過程中，喜歡做些小動作。別小看這些，它們可以向你傳達出很多訊息。

✦ 手邊備有紙筆，隨時記錄

這類人是思考周全的人，做事面面俱到。他們十分注意細

節,絕不會敷衍卸責。工作中,他們對自己要求嚴格;生活中,十分注重感情。他們的思考十分嚴謹,但缺乏靈活性,應變能力差。而那些在講電話過程中突然想到要找紙筆的人,則是隨機應變的行動派,腦筋轉動快,但給人做事魯莽草率的感覺。

◆ 利用紙筆,隨手亂畫

這類人打電話時漫不經心,處於非常無聊的狀態。他們多半是對電話的內容不感興趣,沒有耐性。而當他們對某種狀況或某個人感到慌張、擔心與不安時,也會有這種反應。

◆ 在講電話的同時做其他事情

這類人做事三心二意,非常容易分心。他們在生活中往往也是朝三暮四,若不能控制自己的行為,容易注意力分散,最終一事無成。

◆ 講電話時附帶行禮的動作

這些動作儘管常常是下意識的,卻能說明這類人的感受能力良好,或者感情強烈。他們不會說謊,且為人正向率直。

夾菸姿勢透露一個人的稟性

每個人拿菸的姿勢都不一樣,透過不同的拿菸姿勢,也可以看出不同的個性。

第五章　品味之窗：生活習慣與內心世界的對應

比如，有人在吸菸時，經常用指尖夾菸。這類人性格較為溫和、親切，沒有強烈攻擊欲望。因此，他們可以迅速和別人熟識起來，並得到別人的好感。他們的心地也很善良，做事總會為別人留下餘地，喜歡幫助別人。他們不太喜歡冒險，通常不會去做風險性較高的事情，習慣過按部就班的生活。

不過，他們對自己沒有足夠的信心，總喜歡用悲觀的態度去看待事情，做什麼事都沒有動力，也會懷疑自己的能力，這往往使他們活得很累。他們的生活態度較為嚴謹，做任何事情都會認真對待，並且喜歡追求高效率、高品質。

有的人在吸菸時，喜歡將手夾在離菸頭位置較近的地方。這類人敏感細膩、注意細節，非常介意別人的看法和評價，因而會顯得有點內向。不過，他們也善於控制自己的情緒。不開心時，他們不會立刻在臉上和動作上表現出來，遇到事情能沉得住氣，屬於對細微小事物顧慮周全的慎重派。他們會壓抑自己的感情，充分思考後再採取行動。

有的人在吸菸時，喜歡將手夾在離菸嘴位置近的地方。這類人大多自我意識較強，喜歡引人注目，我行我素。他們通常是活潑大方、不拘小節的樂天派。他們坦率豪爽，行動迅速而敏捷。他們討厭受周遭人們束縛，會明確地表達自己的喜、怒、哀、樂。他們熱愛社交，又喜歡照顧人，因此在晚會上很受歡迎。

有的人在吸菸時，習慣將手夾在菸中央的位置。這類人適應能力很強，**屬安全型人物，待人和善**。他們不太會拒絕別人

的請求,有時心裡雖不樂意,也不會表現出來。他們對人、對事都相當小心,不太會提出自己的意見。他們常會在別人行動後,經過確認才開始行動,是慎重派。他們也很在乎別人對自己行為的看法、很在意周遭人們的視線。因此,他們不會隨意將自己的欲望表現出來。

有的人在吸菸時,喜歡將香菸叼在嘴角,菸頭微微上揚。這類人通常對某項工作很有經驗,十分有自信,無論前面有多少阻礙,都認為自己能夠超越,願意向困難挑戰,極有可能成為新領導者。他們在個性化的工作上,能充分展現自己的實力。可是,他們喜歡以自我為中心,容易忽略和得罪別人,所以在人際關係上不那麼圓融。他們多數性格清高,喜歡獨來獨往和自由自在。

有的人在夾菸時,喜歡將小指翹起。這類人通常有些神經質,拘泥於小節且比較敏感,對人愛恨分明。他們可能對周遭的人會略微吝嗇。這類人由於對自身要求嚴苛,因此缺乏自信。在他們的心中有些欲望無法得到滿足,因此自我表現欲望強烈,而且不太善於控制自己的情緒,有動不動就勃然大怒或容易焦躁不安的一面。

有的人在吸菸時有身體輕輕搖晃、抖腳等下意識動作,總是不安穩。喜歡動個不停的女性,普遍愛好廣泛,屬於只要我喜歡就好,不注重外人看法的類型。她們通常不太在意他人的看法,想怎樣就怎樣,但做事積極,待人熱情。不過她們中有

第五章　品味之窗：生活習慣與內心世界的對應

很多人容易見異思遷，不喜歡也不習慣於單調、乏味的生活。

不同的人有不同的吸菸姿勢。有的人吸菸時姿態優雅，有的人卻略顯風塵。所以，透過不同的吸菸姿勢，我們可以窺見那些吸菸者的「菸品」和性格。

喝醉後猛打電話的人渴望關懷

在現代生活中，無論是聚會還是談生意，人們總是免不了喝酒，尤其是男性。但喝過多的酒並不是件好事。飲酒過量，體內的酒精會使人亢奮，對人的大腦神經產生影響，從而使人做出與平時不一樣的舉動。「酒後吐真言」是一句俗諺，而許多人的真實經歷也為這句話提供了可靠的佐證。

毋庸置疑，酒精具有麻痺大腦的作用，所以人們在喝醉後，意識會失去控制，因而對一些事情也就不再在意，這就是為什麼發生「酒後胡言亂語」的情況。而如果繼續豪飲，達到「爛醉如泥」的程度，大腦就會進入深度睡眠狀態。這時，曾經埋藏於內心最深處的想法會不由自主地表達出來，但是喝醉的人是沒有自覺的。

那麼能否透過一個人酒後的言語來了解他的內心世界呢？如果一個喝醉的人不老實回家睡覺，而是拚命打電話給別人，這現象說明什麼呢？

比如,喝醉的人常會自以為想起了一件重要的事情而打電話給別人。但是接電話的人卻常常會被他所謂的理由弄得哭笑不得。

其實,喝醉後打電話是一種「沒有常識的行為」,因為喝醉者已經不具備人與人相處應有的常識。例如,深夜一、兩點時,喝醉者毫不顧慮正值睡覺時間就打電話給別人,而對方只會聽到醉漢的喊叫聲,或音樂聲。「我現在正在喝酒,你給我馬上過來,我會一直等到你來陪我為止。」

當你接到這種電話時,即使置之不理結束通話,對方還是會再打來,並且說一些「你真是太不夠意思了,對朋友一點都不關心」等令人討厭的話。如果電話中還夾雜著吵雜聲,更會讓人心情不爽。

而仔細分析這些人的舉動,就可明白在喝醉時打電話的行為,完全是出於孤獨,需要他人的關懷。比如,我們常常在夜晚的街道上,看到一些醉漢漫無目的地遊蕩,有時也會看到他們無緣無故地騷擾行人。他們的這些行為,無非是想訴說自己的孤寂,渴望他人的關懷而已。

日積月累的心理緊張使他們在脫離群體時,就會想方設法地釋放自己。他們為使自己的身心獲得解脫,就會出現喝醉後深夜打電話來博取他人注意的行為。所以,在這種情形下,他們只是為了排解內心的不滿,或者藉機發洩平常和上司、同事

第五章　品味之窗：生活習慣與內心世界的對應

間的不愉快情緒，並渴望得到朋友的理解和關懷。這樣的無禮舉動，多半都是以比較親密的友人為對象。

喝醉的人，心態上已脫離現實，和接電話者的想法有很大的差別，兩人當然話不投機。有人認為，對方既然已經喝醉了，只要隨便說些應付他的話敷衍過去就算了（這通常是一般人的處理方式）。其實這樣是不行的。他們現在雖然喝醉了，但是大腦還是很清醒的。這樣做會讓他們覺得更加孤獨。因此，如果採取寬容的態度，照顧和寬慰他們，會讓他們打從心底感到溫暖。

事實上，人們在喝醉以後會有各式各樣的反應。透過觀察喝醉以後人們的不同反應，可以判斷出他是個怎樣的人。

比如，有的人會在喝醉後倒頭就睡。他們在喝醉後很疲倦，只想睡覺。這樣的人非常理智，他們在平時就很注意自己的言行，哪怕是喝醉了，也是安靜地睡覺。他們通常擁有良好品行。有的人喝醉後卻很活潑，甚至會大聲唱歌。這樣的人，天生樂觀，為人豁達。他們平時的生活也很規律，沒有不良嗜好，也屬於理智型。

而有的人喝醉後會哭泣。這樣的人，生性負面、悲觀，並且可能平時經常受到輕視和忽略。他們的內心很自卑，卻無法調節、無處排解。因此，他們喝醉後會忍不住地哭泣。而與之相反，有的人會在喝醉後一直笑。這樣的人，為人隨和，不拘小節，樂觀且富有幽默感。

喝醉後猛打電話的人渴望關懷

還有的人喝醉後會變得很愛說話，一直在叨叨絮絮，甚至想找人打架。這樣的人，情緒非常不穩定，他們平時的平靜，只是在克制而已。有的時候，他們還會信口開河。這樣的人，大多平時經常受到壓抑，有懷才不遇的憂愁，所以在喝醉的時候，就會忍不住說出心中的不滿。

大多數人在酒後說的話都跟平時工作或生活中的問題、煩惱有關。現實中，很多上班族為了緩解工作中的壓力，願意去酒吧發洩。以酒澆愁，是因為喝醉後的胡言亂語、意識模糊是最好的發洩方式，但喝醉後是否口吐真言也是因人而異的。是不是每個人都會酒後吐真言呢？

有的人喝醉後可能什麼都不說，倒頭就睡。這種人有正義感、原則性較強，雖然有時會比較傳統、保守，但對認定的事情，會全力付出。有的人酒後喋喋不休，說的都是不著邊際的話。這種人看似對什麼事情都不在意，但其實是個心中自有真情的人，卻苦於無人了解，會有些許失落和無奈。

有的人喝醉後可能會觸景生情，大哭一場。這種人有豐富的感情，熱情奔放，以自我為中心，常常無法專注於同一件事情太久。有的人喝醉後會想起許多事情，但無處發洩，只好引吭高歌。這種人性格溫和，別人無法輕易破除他們的心防，只有透過深入了解才能使他們吐露心聲。這種人雖然內心深處有瘋狂的想法，卻會拚命克制自己的感情。

第五章　品味之窗：生活習慣與內心世界的對應

蜷曲身體睡覺的人壓力重重

睡眠幾乎占去了人一生1／3的時間。人在睡眠過程中是潛意識最容易浮現的時候，因此睡姿也是一種無聲的語言，可以看出一個人的性格和心理。對身邊親密的人，我們可以透過睡姿對其有更深入的了解。醫學上的研究也表明，一個人的睡姿與其心理、生理狀態有不可忽視的連繫。

雯雯近來工作不順利，每天工作到很晚才睡，而上司又給了她很大的壓力。最近，丈夫發現她的睡覺姿勢與以往差異很大，從習慣仰睡變成側身蜷縮，有時下巴和膝蓋幾乎要靠在一起了。細心的丈夫詢問當身心科醫師的朋友。朋友告訴他蜷曲身體睡覺的人往往感到壓力重重，可能是雯雯最近遇到了困難。

蜷曲的睡姿彷彿把身體的內臟部分隱藏起來，這樣的姿勢在心理上給予人安全感。繁重的工作壓力讓雯雯內心充滿了焦慮和擔憂，所以即便在睡夢中也出現了強烈的自我保護意識。

蜷曲的姿勢與嬰兒在母親子宮中的姿態很相似，對壓力重重的人來說，這樣的姿勢有著充分的安全感和舒適感，可以緩解內心的重擔。如果你與這類人接觸，就會發現，他們往往缺乏安全感，正在遭受壓力的折磨，較缺乏獨立意識，渴望得到保護。他們對熟悉的人物或環境總是有著很強的依賴心理，而對不熟悉的人物和環境常常感到有壓力。他們喜歡平靜、安穩的生活。

除了蜷曲身體的睡姿外,其他的睡眠姿勢也同樣傳達出豐富的訊息。

✦ 俯臥:自信而有能力

採取俯臥式睡姿的人,大多具有很強的自信心,能力也很突出。他們對自己有非常清楚的認知,知道自己是誰,也知道自己該做些什麼。對於所追求的目標,他們保持著堅持不懈的態度,有信心也有能力實現它。他們隨機應變的能力很強,知道如何調整自己。另外,他們還可以很好地掩飾自己的真實感情,不讓別人看出一絲破綻。

✦ 側臥:隨性而知足

腳、小腿、膝和腳踝部位完全重合且保持側臥姿勢的人,在生活中善於處理各種關係。他們能盡量按照他人的要求行事,因而能獲得人們的好感。喜歡側臥的人總是漫不經心,不能說他們對生活不投入,但很多時候他們會當一個生活的旁觀者,或許他們只是在遊戲人生。他們屬於情緒型的人,總是處在情緒的波動之中。不過他們也有自己的長處,會迅速忘記剛剛遇到的不愉快,而重新做自己的事。你很容易與這種人和平共處,和他們打成一片。

✦ 靠邊式:不善於維護自己的權利

這種人不善於維護自己的權利或堅持自己的主張,而且他們

第五章　品味之窗：生活習慣與內心世界的對應

的理智常否定自身沒有依據的感受。他們常覺得財產和朋友就要被別人搶走了，但理智上卻知道事實並不是這樣。如果和他們成為朋友，會感到很累。他們看到你升遷或進步，會感覺到威脅，卻安於現狀，不會奮起直追。

✦ 握拳而睡：自我防衛意識強烈

握著拳頭睡覺的人比較少，但也並非沒有。這種人在睡覺時握著拳頭，彷彿準備隨時應戰，這是一種心裡比較緊張的表現。如果把拳頭放在枕頭或是身體下面，表示他們正試圖控制這種情緒。如果是仰躺或是側睡，拳頭向外，則有向別人示威的意思。與他們接觸，你會發現，他們多數脆弱、難以承受傷害。他們對人比較冷漠、內斂。

✦ 仰睡：快樂大方

喜歡仰睡的人大多十分快樂且大方，在孩提時代通常是家庭中疼愛和關注的中心。他們有安全感、自信心和堅強的性格。他們為人熱情親切，而且富有同情心，能夠很精準地洞悉他人的心理，理解他人的需求。他們性情坦率，樂於助人，也樂於接受別人的幫助。

在思想方面，他們相當成熟，對人對事往往都能清楚分辨輕重緩急，知道自己該怎樣做才能達到最好的效果。他們通常擁有很強的責任感，遇到事情不會推脫責任或選擇逃避。他們面對事情時，不會找任何藉口，而是勇敢地面對，甚至能主動

承擔。如果你和他們交流，很輕易就接受他們、尊敬他們。他們能夠做出準確的判斷，也會為自己營造良好的人際氛圍。

照相時，喜歡站在別人旁邊的人沒主見

在生活中，很多人喜歡照相。在節慶或假日裡，和家人或者朋友相偕出遊，去一些風景優美的自然風景區，或者是具有深遠歷史的人文觀光景點拍照留念，的確是不錯的選擇。殊不知，從一個人照相時站的位置，還可以判斷出一個人的性格。

比如，有的人照相時總是喜歡站在別人旁邊，這樣的人其實是沒有主見的，凡事都不會由自己做主。他們總是喜歡依賴別人，總是希望別人做決定，只要遇到需要自己決定的時候就變得不知所措，不僅下不了決定，也不想自己決定。

他們喜歡和有主見的人在一起，這樣無論做什麼都會有人幫他們決定，比如去哪裡買衣服，要去什麼地方玩……他們也不善於和別人溝通，不喜歡結交新朋友，總是喜歡和自己親密的人在一起。這樣會讓他們有安全感，也會使他們開心。

凡事都無法由自己做主，說明還不夠理智；凡事都害怕由自己做主，說明缺乏自信。因此，拍照時喜歡站在別人旁邊的人，沒有主見、不夠理智且缺乏自信。一般情況下，從團體合照可以判斷出人與人之間的關係。而單照則能解讀這個人自身

第五章　品味之窗：生活習慣與內心世界的對應

的狀況。而最容易做出判斷的依據，是視線與鏡頭的關係。

直視著相機鏡頭的人，是很有自信的人。這樣的人性格外向、樂觀隨性，喜歡表現自己，希望別人看到自己的優點。他們的精神通常都很飽滿，好像不知道疲憊。他們在拍照時通常會露出燦爛自信的微笑，旁人都能感受到他們拍照時的喜悅。

而閉著眼睛，或者在拍照時將自己的視線移到鏡頭以外的地方的人，對自己的外貌、能力或性格沒有自信。他們通常比較消極，有點膽小，經常會懷疑自己的能力和性格。他們不喜歡熱鬧的景點，也不太喜歡拍照，當避免不了要拍照時，就會把自己的視線移開。

還有的人，會認真考量視線與鏡頭的關係，思考站在左邊或者右邊面對鏡頭，哪一邊更適合拍照。這樣的人很在意別人的想法或意見，很介意別人怎麼看待自己。所以，他們在照相時總是先考慮怎樣站看起來效果更好。

綜上所述，從照相時人們站的位置以及他們的視線與鏡頭的關係，可以推斷出這個人的性格。

喜歡用信用卡付費的人愛慕虛榮

在生活中，我們總是免不了要消費，而在結帳的時候，我們可以透過觀察他人的付帳方式來推斷這個人的性格。

比如，有的人總是喜歡拿大鈔來付錢，即使他們購物所花費的金額不大，也會拿 1,000 塊或者 500 塊的大鈔出來。這樣的人通常很注重自己的形象。因為他們覺得當著別人的面打開錢包翻找東西很不好看，會讓別人覺得自己小家子氣。不過，如果他們看起來並沒有很講究外表，那就說明他們是粗枝大葉的人，通常不會考慮細節，所以才會隨便抽出一張大鈔，付錢了事。

還有一種情況是，他們不想讓店員等待自己找零錢，那樣他們會感到不好意思，覺得給別人添麻煩了。這樣會讓他們心情不好，所以他們寧願抽出一張大鈔讓店員找，自己等待。如果這時他在付大鈔的同時還說「不好意思，沒有零錢了」等話，說明他在人際關係上有些膽怯，總是擔心別人會對自己不滿或者對自己產生誤解。

而恰恰相反，有的人會在結帳時付剛好的錢。他們得知應付的金額後，會坦然地翻錢包，找好零錢付帳。這樣的人很注重細節。他們在思考問題時，任何細節都不會疏忽，對事物的看法也是黑白分明。如果他們反駁別人的話，會一條一條地分析，是相當囉唆的人。如果在翻錢包找零錢的時候，還預先告知店員「請稍等」，這說明他們會堅守自己的看法和風格，不會膽怯，且個性率直。當這類人太堅持己見而走向極端時，他們就無法妥善控制自己的行為，可能會和對方起衝突，並使對方感到不快。

第五章　品味之窗：生活習慣與內心世界的對應

有的人總是喜歡用信用卡付費。即使購物所花費的金額較小，他們也習慣刷卡。這樣的人分為兩種，一種只帶卡不帶現金，是敷衍了事的虛榮者；另外一種會把好幾張卡並排放在錢包裡，這樣的人更加虛榮。因為他們覺得金錢交易的行為很俗氣，而且，也討厭那些所謂的暴發戶作風。他們有時甚至會讓人覺得棘手。不過，他們做事乾淨俐落，不喜歡那些曖昧不清的關係。有的時候，他們會讓人覺得沒有人情味。

還有的人，會先算好找零的金額再付帳。比如，一件物品是 155 元，他們會給對方 205 元，讓對方找給自己剛好 50 元。這樣就需要迅速計算的能力，因此這樣的人頭腦比較靈活。而且，計算的過程要保證自己不會出錯，即信任自己的計算能力，因此，這樣的人也是比較自信的人。他們之所以不願意讓對方找自己一堆零錢，就是擔心自己的錢包又大又鼓，而這樣想的人一般情況下有點神經質。

因此，在付帳的時候，用零錢還是大鈔，用信用卡還是現金，都能看出這個人的性格如何。

第六章　喜好剖析：
從興趣洞見真實性格

第六章　喜好剖析：從興趣洞見真實性格

會「說話」的寵物

寵物可以說是現代人生活中很重要的一部分，我們身邊總是不乏愛貓愛狗人士。如果仔細觀察會發現，性格不同的人所選擇的寵物也不太一樣。心理學研究顯示，每個人都喜歡與自己相似的人、喜歡與自己相似的動物。人們偏愛於與自己長得相像或者和自己有共通性格氣質的動物。過去，大多數人家裡養狗，如今養貓的人也越來越多，我們可以從不同的寵物身上知道主人的心理特點。

喜歡貓的人內心嚮往慵懶而高貴的生活。貓和狗不同，它不會主動討好你，你想逗牠玩還得看牠心情如何；牠也不負責看家，偶爾捉捉老鼠，白天就在外面悠閒地散步或者乾脆趴下來晒太陽，儼然一位驕傲的公主或者王子。

喜歡貓的人也具有類似的性格特質。他們不喜歡奉承討好別人、言不由衷，說話總是直來直往，不太懂得顧及別人的感受，帶有幾分**憂鬱**的氣質。與人交往時，他們表現得比較內向安靜，不太善於和陌生人打交道，如果你對他們太熱情，他們反而會討厭你。他們警戒心很強，對朋友的選擇也很挑剔，很少有人能夠走進他們的內心世界，因此身邊的朋友不多。在他們看來，只要有一、兩個知心好友足矣。

生活方式上，他們希望擁有一份體面而輕鬆的工作，那種

經常需要低聲下氣討好別人的工作，或者常常加班沒有週末的工作都是他們絕不肯接受的。他們非常重視休閒生活和發展業餘愛好，工作只是生活的一部分，為工作犧牲掉難得的週末時光有違他們內心的原則。

與喜歡貓的人相比，喜歡狗的人通常性格外向，對待他人親切熱情。他們經常保持愉快情緒，和同事朋友相處融洽，也善於和人打交道。他們喜歡和朋友一起去熱鬧的地方，一個人孤單地度日是他們最不能忍受的。

喜歡養魚的人也有獨特的一面。大多數魚類的記憶很短暫，只有幾秒鐘。當牠們從魚缸的一頭游到另一頭時，大概已經忘記自己曾經到過這個地方，一切又是嶄新的。

喜歡魚的人也總是無憂無慮的樣子，他們活在自己的小世界裡，世俗的名利對他們來說並不重要，不容易受外界刺激和誘惑，不會因為別人的大房子、進口轎車而眼紅。有時他們顯得有些缺乏上進心，不喜歡競爭，但是如果你有這樣的朋友，也千萬別拿他和別人做比較。他們通常安靜而內向，或許不愛運動，但是有著天馬行空的想像力。同樣地，他們不喜歡太熱情的交往方式，但是他們會很真誠、很用心地對待朋友。

還有人喜歡養烏龜、蜥蜴等小動物。這類動物大多溫馴可愛，總是慢吞吞的，常常在一個地方待上一、兩個小時，身上有厚重的外殼。喜歡這類動物的人警戒心比較強，對別人的看

第六章　喜好剖析：從興趣洞見真實性格

法比較敏感，因此身邊的朋友不多。和他們打交道要循序漸進，注意說話的分寸並且不要太熱情。

遊戲裡包含的微妙心理學

「益智遊戲」就是以新方法運用舊知識來解決問題。不同的人會喜歡不同類型的益智遊戲，這也是性格的展現。透過喜歡的益智遊戲往往也能對一個人有所了解、觀察和分析。

比如，許多人喜歡玩魔術方塊。這樣的人，大多自主意識強烈，不希望他人把一切都準備好，而自己不需要花費什麼力氣或心思。他們也不喜歡把他人的思想和意見據為己有，熱衷於自己去鑽研和探索，哪怕這需要漫長的過程和付出高昂的代價，也不會改變初衷。而且，他們喜歡這種探索的感覺。他們具有很好的耐性，即便別人已經感覺不耐煩，他們也能貫徹始終。他們心思靈巧，喜歡自己動手製作一些小玩意。他們的邏輯也比較靈活，能夠從不同的角度來看待問題。

有的人喜歡拼圖遊戲。他們的生活常常像拼圖一樣，好不容易拼成完整的圖形，緊接著又會變成一塊塊的碎片。他們的生活常常會被一些意料不到的事情所困擾和左右，有時甚至會使長時間的努力和付出全部付諸東流。不過值得慶幸的是，此類型的人具有一定的耐性和信心，不會被擊垮，能夠保持自己

再奮鬥的精神，一切重新開始。

有的人喜歡數字類益智遊戲。這樣的人，大多邏輯思考能力比較強，生活極有規律，有時候甚至達到了呆板的程度。他們在為人處世等各個方面不會隨機應變，而是太過於有稜有角，既傷到了別人，也為自己帶來了傷害。

有的人喜歡智力測驗遊戲。他們對生活的態度雖然非常正向和樂觀，但有時候並不了解生活的本質是什麼。他們的生活沒有什麼規律，而且對於各種事物的輕重緩急並沒有清楚的認知，常常會將時間、精力甚至財力浪費在沒有任何意義的事情上面，結果反倒耽誤了正經事。可是他們並不為此而懊惱或後悔，反而還找各種理由安慰和勸慰自己。

有的人喜歡填字遊戲（crossword）。這樣的人大多做事非常注重效率。他們希望在最短的時間內、花費最少的精力，以最大限度完成某件事情，可這在某些時候是不現實的。他們很有禮貌和教養，在與人相處時彬彬有禮，表現出十足的紳士風度。他們多有堅強的意志和責任感，勇於面對生活中許多始料未及的困難和災難。

有的人喜歡玩幾何圖形遊戲。他們大多頭腦聰明，對事物常常會有自己獨到的見解，而不是人云亦云。他們有很強的自信心，生活態度積極向上，思想比較成熟，為人深沉而內斂，常常一副成竹在胸的模樣。在做某件事情之前，他們多是經過

第六章　喜好剖析：從興趣洞見真實性格

深思熟慮，把該想的都想到，在心裡大致掌握了以後，才會行動。他們會確保即使出現什麼變故，也能很快地找到應對的策略。

有的人喜歡懸疑類益智遊戲。這種類型的人，性格中最突出的特徵就是疑心病比較重。在他們看來，這個世界上好像沒有一樣東西是可信的。他們對任何事物都有所懷疑，而這懷疑常常又沒有任何依據。他們對某些細節及微小差異總是表現得極其敏感，而這往往又會成為他們為自己的懷疑所找到的依據。他們會不斷地指控別人，但緊接著又會為沒有充分的證據進行說明而感到苦惱。

有的人喜歡玩在照片中尋找錯誤的遊戲。這樣的人大多活得不輕鬆，常常會被一些沒有任何理由的煩惱困擾著。哪怕現狀一片大好，他們也往往要朝著壞的方面想。他們的胸懷大多不夠寬闊，很少注意到別人的優點，卻總是盯著缺點不放。

從愛車的顏色了解一個人的內心

我們經常說，一個人的車就是這個人的履歷表。這是因為，各式各樣的車在一定程度上展現出車主的身分、財力與性格愛好。

因此，當你評價一個人時，可以先審視他的汽車。具體地

說，你要考慮這部車對車主工作及家庭的實用性，以及車主的興趣和個性。你要看這部車是轎車、敞篷車、露營車還是小巴士，屬於什麼價位、維修保養費高不高。比如，擁有昂貴跑車的人，往往很重視自己的社會地位，很看重自己在別人面前的形象，性格色彩也比較濃厚。而選擇小巴士的人，通常注重實用性，比較務實且節約。而且，從一個人的車很容易看出車主的家庭狀況或者職業特色。

不過，比較容易判斷的就是車的顏色和車主性格的關係。心理學家說，不同的顏色，或獨立，或交錯，編織著人們的個性。因此，選購某種顏色的汽車，往往洩漏一個人的性格類型。

比如，有人喜歡白色的車。白色代表著清新和純潔，並且很容易融入外界環境。所以，選擇白色車身的人，性格溫和、好溝通、人際關係較好。不過，他們通常有一點潔癖，並且志向高遠，不論對戀愛還是事業，都抱有較高的理想和追求，有時候會把別人嚇跑。

有人喜歡黑色的車。黑色代表著沉穩和性感。首先，黑色的沉穩是被大家公認的，許多大中型汽車都偏愛使用黑色，尤其是那些公用商務車，絕大多數都是莊重、尊貴、典雅的黑色車身。在時裝界，黑色被稱為永恆的流行色，在汽車界也不例外，黑色是最常見的。不過黑色還有另一種截然相反的個性，那就是性感和狂野。因此，近年來不少小型車喜歡用黑色，因為看起來有種與眾不同的酷炫感。

第六章　喜好剖析：從興趣洞見真實性格

　　有的人喜歡綠色的車。綠色代表生動、活潑與寬容，是大自然中草原的顏色，給人生機勃勃的感覺。因此，喜歡這個顏色車身的人，通常比較友善且寬容，是很好的傾聽者。不過，由於綠色象徵對和諧與穩定的追求，所以有時候，選擇綠色汽車的人缺乏鋒芒與稜角。又因為綠色與生命關係密切，因此喜歡綠色車身的人，愛好運動，富有活力。

　　有的人喜歡紅色的車。紅色代表著積極、樂觀與熱情。因此，選擇紅色的車主屬於積極主動的類型。他們的性格外向而樂觀，對別人熱情如火，容易讓人留下敏捷、充滿活力和動感的印象。

　　有的人喜歡黃色的車。黃色代表著自信、獨立與溫暖。黃色，是屬於太陽的顏色，因此，喜歡黃色汽車的人，天生個性溫暖、活潑且勇於接受挑戰性，也同樣具備了樂觀進取的特徵。而且，他們很有自信，想擁有不一樣的人生，拒絕平庸。

　　有的人喜歡藍色的車。藍色代表著敏感、冷靜與深邃。喜歡藍色車子的人，有著理智又保守的智慧；如果喜歡的是淺藍色的汽車，這樣的人則具有富有想像力的特徵。所以藍色汽車的車主，都有著較強的自我意識。他們的性格敏感而內斂，有時給人冰冷、不易接觸的感覺。但事實上，他們喜歡與朋友在思想上進行深度交流。

　　還有的人喜歡銀色的車。銀色代表大方與柔和，是全球汽

車市場最受歡迎的顏色。喜歡銀色汽車的人,個性大方,不張狂、不呆板,又富有親和力,不管是誰都會對其有好感。並且,在各種車身顏色中,銀色也是最耐髒的。喜歡銀色車身的消費者在各個年齡層都占有不少比例,這大概也顯示出多數人的中庸之道。

不同的舞蹈,代表不同的性格

跳舞是人類透過肢體語言進行溝通的方式,它超越了所有的文化,是社會化過程中相當重要的一環。舞蹈就像語言一樣,不斷演進,同時展現出社會的價值觀和歷史變遷。一個人跳舞的方式和喜愛的舞蹈,比說話更能透露出其個性,就如人可以用嘴撒謊,但是用跳舞來撒謊卻是難上加難。

比如,喜歡跳交際舞的人多為友善、熱情的社交好手。交際舞是現代社會的交往藝術,跳跳交際舞,無論對老年人還是年輕人來說,都是很好的娛樂活動和社會交流方式。喜歡跳交際舞的人都很樂意透過交際舞這種方式與人交往。

而且,喜歡跳交際舞的人,通常是舞會上的活躍分子。舞會剛開始時,主要靠他們來拉近人與人之間的距離,帶動整個舞會的氣氛。音樂響起的時候,他們率先偕舞伴步入舞池,在翩翩起舞中帶動眾人一起加入。一曲終了,他們馬上邀請其他

第六章 喜好剖析：從興趣洞見真實性格

舞伴共舞下一曲。

因此，在他們的誠摯邀請下，其他人也不再拘謹，大方配合，氣氛逐漸熱烈。所以，是他們用自己的熱情感染著在場的每一個人。依靠個人魅力，他們成為整個舞會的焦點與中心。他們是奔放熱情又開朗友善的人，彷彿神經中樞一樣，與每個人相互連結。

愛好交際舞的人，天生就熱情而友善。他們很善於和人們打交道，更善於幫助別人。就像在舞會中的表現一樣，在柴米油鹽日常起居中，他們也積極主動與人交流，並在需要時提供幫助，即使幫不上什麼忙，那一片發自內心的熱情也總是讓人感動。

他們因此在鄰里朋友間立下極好的口碑，所以他們不僅是舞會的主角，更是社區生活中不可或缺的潤滑劑。他們很少會怕麻煩，朋友們哪個有事，第一時間想到的總是他們。因為他們能說善道，在人情往來中表現老練，可以為事情的完滿解決立下汗馬功勞。

喜歡跳交際舞的人，可以把任何一個地方當作練舞場，把人生中經歷的每個大場面看成一場盛大舞會，在當中呼朋喚友、結交知己、牽線搭橋，使任何人都能從他那裡得到春天般的溫暖。所以，喜歡跳交際舞的人，是友善的社交好手，也是眾人眼中的核心人物。

不同的舞蹈，代表不同的性格

除了交際舞，還有許多不同種類的舞蹈。不同的舞蹈代表不同的性格。比如，有的人喜愛芭蕾舞。這種人大多有很強的耐心，能夠以最大限度的耐性把事情完成。他們也很遵守紀律，具有組織性，並有一定的理想和追求，常會為自己設定目標，然後努力地完成它們。除此以外，他們的創造性也很突出，常會有一些與傳統背道而馳的驚人之作。

有的人喜歡拉丁舞。喜愛這種舞蹈的人，大多是精力充沛而又魅力十足的人。他們有很強的自我表現願望，希望能夠吸引更多人的目光，而實際上，他們也很容易引起別人的關注。

有的人喜歡跳踢踏舞。這樣的人多數精力充沛，表現欲強烈，希望能夠引起別人的注意。在遭遇失敗和磨難的時候，他們能夠堅持下來，從而度過難關。他們的時間觀念強，不會輕易地浪費時間。而且他們能夠隨機應變地處理事情，在面對任何棘手的事情時，都能夠保持沉著冷靜，認真地思考應對的策略，懂得如何進退，以保全自己。

有的人喜歡華爾茲。華爾茲是一種相當優雅、平衡感十足的舞蹈。

喜歡這種舞蹈的人大多十分沉著穩重，為人親切、隨和，有一定的社會經驗和閱歷。他們精通各種禮儀，善於捕捉人與人之間十分微妙的關係。在為人處世、待人接物等方面，經過時間的磨練和自我嚴格的要求，他們總會表現得十分得體、恰

第六章　喜好剖析：從興趣洞見真實性格

到好處，流露出成熟而又高貴的氣質和魅力。

有的人喜歡跳街舞。喜歡跳街舞的多是一些年輕人，畢竟這是需要耗費大量體力的舞蹈。人上了年紀，即使喜歡，也有可能跳不了。無論是喜歡跳的還是只能喜歡而無法跳的，大多是充滿了叛逆思想的人。喜愛街舞的人，思想大多比較時尚、前衛，但這些時尚、前衛的思想往往又難以被人接受理解，更不要說認可，所以他們又是一群相當孤僻的人。

有的人喜歡探戈，喜歡探戈的人，大多不甘於平庸，他們總是追求生活的絢麗多彩，最好還要帶有一些神祕性。他們很重視一個人的內涵和修養，在他們看來，這可能比其他任何東西都重要。

有的人喜歡爵士舞。爵士舞屬於即興舞蹈，喜歡這種舞蹈的人，多具有靈活的隨機應變能力。他們在為人處世方面多不拘小節，只要能說得過去就可以了，而且具有一定的幽默感。這種幽默感並不是刻意表現出來的，而是智慧的自然流露。他們很喜歡和很多人在一起，但即使是一個人，他們也能夠尋找和創造樂趣。

綜上所述，透過觀察人們喜歡跳什麼樣的舞蹈，就大致可以知道他們的性格特點。

首飾暗示你希望別人注意的部位

佩戴首飾不僅是修飾外貌的方法，也帶著很強的自我表現的含意。仔細觀察就會發現，性格安靜內向的人和活潑外向的人選擇的首飾類型會有明顯的差異，因為他們想在別人面前呈現出的是兩種截然不同的氣質。

✦ 全身珠光寶氣的人缺乏自信

有的人喜歡佩戴閃耀光芒且引人注目的首飾，或比較大的首飾，任何人看了都會覺得似乎非常貴重。這類人通常自認富有，並且樂於向別人誇耀自己是屬於上流社會的人。這種人大多是好強爭勝、力圖向上的女性，追求金錢和權勢，瞧不起貧窮或者看起來處於弱勢的一般人。她們十分重視經濟方面的因素，會因為經濟狀況的改變而憂心忡忡。金錢可以使她們心緒安寧，擁有安全感和滿足感。其實，全身珠光寶氣的人恰恰是缺乏自信的人，需要藉助華麗的首飾來增強自信，隱藏自己虛弱、膽怯的一面。

而那些完全不戴首飾的人，或是飾品非常簡單樸實的人，通常對自己的想法與生活方式都非常堅定，不需要依賴首飾之類的飾品，呈現出來的也是原本的自我。他們雖然外表看起來有點保守拘謹，但內心是非常堅強的。

第六章　喜好剖析：從興趣洞見真實性格

✦ 從首飾的偏好看性格

不同造型、材質的首飾帶給人不同的感受，也是人們表現自我的途徑，從一個人對首飾的偏好可以看出他的性格。

喜歡戴手鐲的人，多數精力充沛，很有朝氣和活力。他們多數聰明而有智慧，並且有某一方面的特長。他們是有追求、有理想的一群人，在絕大多數時候知道自己想要什麼，並且會主動追求自己想要的東西，即使在感到迷茫時也不會輕言放棄，而是在行動過程中持續探索。

講究衣著、重視整體搭配的人，常常會戴一枚小小的胸針。這樣的人相當重視自己在他人心中的形象。他們在為人處世方面處處小心謹慎，不會貿然地做出某種決定。他們有懷有一定的猜疑心態，不會輕易相信別人，即使是對非常要好的朋友，也會有所保留。他們希望自己能夠引起別人的注意，但又總是習慣用謙虛的態度來掩飾這種心理。喜歡佩戴體積大、燦爛醒目的珠寶的人，大多愛展現自己、愛出風頭。他們無論走到哪裡，總會成為眾人的焦點。他們為人熱情、正向和樂觀，愛幻想。

喜歡佩戴體積小、不太顯眼的珠寶首飾的人，多謙虛而穩重。他們的內心大多十分平靜，在任何事情面前都能保持順其自然的心態。他們通常不太希望引起他人的注意，喜歡隨性自然的狀態。

所選擇的裝飾品具有濃厚民族風格的人,一般來說個性相當鮮明,他們總是有自己獨特的邏輯和見解。

✦ 首飾暗示你希望別人注意的部位

首飾和服裝都是肢體語言的道具,但與服裝不同的是,首飾是可有可無的裝飾品。沒有首飾並不要緊,如果增添首飾配件的話,則是希望增添魅力的表現。首飾具有吸引視線的作用,人們會將視線自然而然地落在對方佩戴有首飾的部位。佩戴首飾的部位,通常是自己最喜歡或是最珍惜的部位,不然就是最希望對方看見的地方。

如果胸前佩戴著項鍊墜子,下意識的想法就是希望男人將目光放在自己胸前。同理,如果想讓人家注意耳朵就戴耳環,想讓人家注意手部就戴上戒指。除非是比較親密的關係,否則男性不可能直接盯著女性的身體看,但如果注視著飾品,就不會顯得那麼不自然。在這一類女性面前的男性,最好記得稱讚首飾。女性會因為對方注意到這些細節而感到高興,兩人的關係一定也會拉近許多。

愛好個人運動者能吃苦,愛好團體運動者樂參與

如今,人們對健康問題越來越重視,隨著健身房和各種室外健身設施逐漸完善,體育運動已經成為很多人生活中的重要

第六章　喜好剖析：從興趣洞見真實性格

環節。在各式各樣的運動方式中，選擇哪一種運動方式和人的性格也有關係。眾多的運動方式可以大致分為三種：獨自提升技巧的個人運動、一對一的競爭運動，以及團隊的競爭運動。不同的選擇可以反映出不同的性格特點。

獨自提升技巧的個人運動，例如長跑、游泳等，需要人們獨自練習並不斷提升，可以清楚地看到練習的效果，雖然在比賽中也有競爭，但平時運動主要是不斷超越自己的過程。喜歡這類運動的人通常安靜內向，在工作上總是一個人默默地努力，不擅長在團隊中工作。這樣的人通常比較能夠吃苦，懂得凡事需要堅持不懈的奮鬥，自制力很強，對自己要求非常嚴格，一心一意朝著目標前進，通常不會半途而廢或見異思遷。愛好個人運動的人在與人相處中表現得比較羞澀和不安，在人多嘈雜的環境中會很不自在，對朋友也總是保持適當的距離。他們非常重視自己的私人空間和時間，不喜歡被人打擾。

然而同樣是個人運動，馬拉松愛好者和短跑愛好者的性格又有所不同。馬拉松通常要跑一萬公尺以上，一般人必須持續跑兩個多小時才能完成，考驗的是耐力。而一、兩百公尺的短跑只需要很短的時間，考驗的是爆發力。在短跑愛好者看來，跑馬拉松既枯燥又浪費時間。他們喜歡在短時間內集中精力將一件事情做好，性子比較急，工作雖然不夠完美，卻能夠迅速拿出成果。相反地，馬拉松看似單調無味，其實在整個長跑過程中速度和呼吸的調整都很講究策略，什麼階段應該加速，什

愛好個人運動者能吃苦，愛好團體運動者樂參與

麼階段應該保存實力，都不是隨心所欲的。馬拉松愛好者通常善於打持久戰，而不善於應對緊急的工作。他們擅長細緻規劃繁重的工作後，每天按部就班地一點一點完成。他們也比較細心且有耐性，能夠忍受長時間枯燥乏味的工作。

一對一的競爭運動，例如羽毛球、網球等等，需要兩人同時進行，一旦進行就會有勝負之分。喜歡這類運動的人，樂於與人競爭，喜歡在與對手的較量當中不斷發現自己的弱點，從而更快地進步。一起打球運動也是他們結交朋友、增進友誼的方式，但是比起和六、七個朋友一起出遊，他們更樂意單獨和一、兩個好朋友待在一起。另外，在一對一的競爭運動中，無論輸贏都只能由自己一個人承擔，不可能推卸責任，因此熱衷於此類運動的人喜歡清楚明白地做事情和乾淨俐落的結果，不喜歡牽扯進複雜的人際關係當中。

喜歡足球、籃球等團隊型競爭運動的人，享受的往往不是運動本身，而是參與運動的樂趣。團體的歸屬感對他們來說十分重要，一起踢球的都是多年的好朋友，參與團隊運動讓他們感受到自己是團體的一分子。此類運動中通常每個人都有各自的職責，相互配合取得勝利。喜歡這類運動的人喜歡在有明確分工和秩序的環境下做事，重視規則和責任。

不同的人會熱衷於不同類型的運動，這就是性格方面的流露。因此，透過觀察他人喜愛什麼類型的運動，可以判斷出對方是什麼樣的人。此處，我們具體從球類運動來分析。

第六章　喜好剖析：從興趣洞見真實性格

很多人喜歡打籃球。籃球對於每個高大英俊的帥哥，似乎都是必不可少的耍帥工具。其實，喜愛打籃球的人多有很高的理想和遠大的目標，他們經常對自己抱有很高的期望，希望自己能夠比他人出色，走在別人的前方。為了達到這樣的目標，他們可以做出很大的犧牲和努力。

他們在遭遇失敗以後通常不會被擊倒，不會一蹶不振、灰心喪氣。相反地，他們的心態良好，能夠重新站起來，再接再厲。而且，喜愛打籃球的人，內心都比較陽光。他們對於事物中的陰暗面，或是看不到，或是看到了也能夠不放在心上。他們還是相信人與事光明的一面。因此，和這樣的人交往，會比較開心，會覺得人與人之間的關係很簡單。

有的人喜歡打網球。網球運動本身具有貴族氣息和高尚格調，並不是所有人都可以輕而易舉地從事這項運動，所以喜愛打網球的人，大多文化素養比較高。此外，喜愛網球運動的人從整體上來說，大多是文質彬彬、有涵養的人。他們會在各個方面嚴格要求自己，使自己達到比較高的層次，力求完美。

有的人喜愛打高爾夫球。高爾夫球和網球相似，也不是一般人能輕易融入的，而是象徵著地位、財富和身分的貴族消遣活動。所以，喜愛並不一定都能玩得起。凡是玩得起的人，大都具有比較強的經濟實力做後盾。他們能夠成功是因為具備了成功者必備的素養：寬闊的胸懷、遠大的理想、不達目的不罷休的精神、堅強的毅力。

有的人喜歡打排球。排球是一項比較辛苦的運動，在剛開始打的時候，手腕都會腫。所以，能夠堅持下來，並且喜愛排球運動的人，都是很有恆心和毅力的。他們通常不怕吃苦，如果透過自己的努力便能夠做到的話，就一定會堅定地完成。而且，喜愛打排球的人大多不拘小節，他們在做一件事情的時候，對過程的重視程度往往超出結果許多倍。

　　有的人喜歡踢足球。足球本身就是一項很刺激的運動，能讓人興奮。喜歡踢足球的人，應該是相當富有熱情的，對生活持有非常積極的態度，有戰鬥的欲望，幹勁十足。不過，他們有時候會有大男人主義傾向，堅持己見，不喜歡接受別人的安排。

　　有的人喜歡打桌球。桌球是大家都非常喜歡的運動。而且，無論男女老幼，都可以打桌球。所以，喜歡打桌球的人，個性都比較隨和。此外，桌球愛好者的思考和身手都相當敏捷，能快速融入團體，在團體中也不會失去自己的獨立性。

從旅遊偏好來窺探性格

　　心理學家認為，了解一個人喜愛的旅遊方式，可以推測出一個人的潛在性格。不妨拿自己進行對照，便可以探究其真實性。

第六章　喜好剖析：從興趣洞見真實性格

✦ 喜歡欣賞風景

這樣的人，往往喜歡新鮮事物，對外界有強烈的好奇心。他們大多渴望無拘無束、自由自在的生活。他們討厭被人控管，對刻板、乏味、一成不變的生活充滿厭倦，而希望能有一些新鮮、刺激的東西注入生活中，為生活增添色彩，來點小點綴。因此，生活中任何新的體驗或新的責任都能讓他們精神煥發，使他們看起來特別興奮。

尤其是在初次去某地的途中，車窗外的一幕幕，都是他們生平所未見過的景象，接連變化、目不暇給，那驚喜與快樂簡直無法用言語形容。等到終於抵達目的地時，再與周遭的一切來個親密接觸，感受當地的風，看看天邊的雲，他們會感到，就連晚上的星星及月亮都與自己居住的地方那麼不同。撫摸山腳的石頭，摘朵路邊的野花放到鼻子下聞聞，然後戴在頭上，從未有過的多種感覺混在一起發生了奇妙的化學反應，會使他們打從心底生出感激之情。

✦ 喜歡漫步海灘

喜歡漫步海灘的人個性略帶保守與傳統，喜歡孤獨，有離群索居的欲望。不過，由於這種人對家庭之外的人際關係都很冷漠，所以會成為好父母，因為他們會把所有心思都放在孩子身上。

✦ 喜歡參加旅遊團

喜歡參加旅遊團的人是很理性的，做什麼事情都喜歡計劃得井然有序，不期待任何驚奇的意外之旅。此外，他們個性豪爽，喜歡與別人分享一切。而且，當別人懂得欣賞他們的時候，會格外高興。

✦ 喜歡到各地探訪朋友

忠誠是喜歡到各地探訪朋友的人的最大優點，也是他們做任何事情的最大動力，探訪朋友或親戚會讓他們有踏實感。他們是實事求是的人。

✦ 喜歡出國旅行

喜歡出國旅行的人是追求潮流和時尚的人，生活中的變化，會讓他們覺得很刺激。此外，他們還很幽默，不容易被生活的重擔壓倒，總是過著自由自在、毫無拘束的生活。

✦ 喜歡露營

喜歡露營的人是傳統思想的擁護者，擁有崇高的道德標準、個性獨特、富有創造性。這種人的人生觀講究實際與客觀。

✦ 熱衷於登山

當你問一個將要去度假的人希望從事何種消遣時，如果他回答登山的話，那麼，你就可以判斷他是個內向型的人。

內向型的登山愛好者，經常組隊向崇山峻嶺挑戰，以攀

第六章　喜好剖析：從興趣洞見真實性格

登、征服人煙稀少、人力難及的險峻高峰為目標。他們對大自然的態度也不同於外向型的人。對於大自然的險峻、壯觀以及美麗，他們又愛又恐懼，雖然勇於挑戰，但始終不把攀登當成享樂。他們一向以誠摯的態度對待那些他們想要征服的高山大川。

一般來說，內向型的人比較能夠適應大自然嚴酷的環境。探險家就不用說了，普通登山者也幾乎都是內向型的人。真正名副其實的登山愛好者，不僅抵擋不了山峰險峻的誘惑，也熱愛溪流聲、高山植物、冰河、蟲鳥等山峰獨有的自然景觀。當他背著沉重的行囊，被問及「你到底要爬幾次才過癮」時，他只會回答：「那裡有我喜歡的一座山呀……」這一類人毫無例外地都屬於對自己相當嚴苛的內向型人。

當外向型的人說「我也喜歡山岳」，你不妨認為：他只喜歡去那種能夠野餐的小山丘罷了。

綜上所述，不同的旅遊方式，和在旅行途中的著重點，可以反映出不同的性格。

喜歡垂釣者，多與世無爭

在現實生活中，許多人──尤其是中老年男性──都很喜歡釣魚。他們在河邊，一坐就是一下午，絲毫不動，還樂在

其中，令人費解。其實，喜歡釣魚的人，在乎的也許不是魚，而是垂釣的過程。而且，他們重視的，也不是魚，而是在釣魚時的風景和感受。他們能夠用自己欣賞美的眼睛，來欣賞釣魚時的風景。

喜歡釣魚的人在閒暇時往往帶著漁具，自己划著小船一直到湖中央，沉浸在垂釣的樂趣之中，在釣魚的過程中充分領略湖光山色。誠如歐陽脩所說：醉翁之意不在酒，在乎山水之間也。喜歡釣魚的人總是被四周的美景所吸引，眼睛盯著魚漂時會忍不住朝遠處陽光照耀下的粼粼波光望去。這時的垂釣者也許已忘記了自己來此的真正目的，完全融入這片美景中。

比起釣魚這件事本身，他們也許更喜歡在蘆葦間穿梭的鳥兒和在蘆葦根處嬉戲的魚兒。垂釣者即使拿著釣竿，也會被四周美景吸引，忘記了釣魚，專注於觀賞魚兒嬉戲。而此時的魚兒早已成為美好畫面不可或缺的點綴，誰還想將其據為己有，然後拿回家熬湯或者油炸？有此念者簡直大煞風景。所以，垂釣者將垂釣變成欣賞美景的過程，他們懂得人生的真諦，懂得過程往往比結果重要。

這樣的人，多是與世無爭的。他們的個性很隨和，對名利看得也很淡，注重自己的內心平和。當然，喜歡垂釣的人也有理想。理想對於他們一如魚之於垂釣者。為了理想，他們苦心追求，不管能否實現，他們始終不會忽略追求過程中，親人朋友給予的深情厚愛，就像他們不會為了水中魚兒而放棄包括

第六章　喜好剖析：從興趣洞見真實性格

魚兒在內的整個大自然。他們在釣魚的過程中，投入自然的懷抱。深情厚愛與大自然不是他們追求的結果，但有時候遠遠比結果更重要，甚至是人生的根本。

在追求的過程中，他們可以用自己欣賞美的眼睛，欣賞沿途的風光，這就已經足夠了。因為喜歡釣魚的人也深深懂得：人生苦短，歲月催人老，人活一世何必苦苦爭個結果。人們往往在對結果的望眼欲穿中，忽略了人生沿途的美景，錯過了人生無數美好的感情。喜歡垂釣的人不會為了完美的結果而忽略更加完美的人生過程。他們是一群懂得生活、懂得欣賞的人，懂得在人生旅途中充分領略無數美景，享受生活帶來的無上快樂。

綜上所述，喜歡釣魚的人，具有欣賞美的眼睛，而且比起其他人，他們更知道什麼是人生。

收藏品是人生態度的真實寫照

很多人喜歡收藏。有人喜歡收藏物品，是為了等待以後升值；有人是為了顯示自己高雅脫俗，或者是炫耀自己的財富；有人只是興趣所在，也為了陶冶性情；還有的人，只是因為懷舊心理。

比如收藏照片和書信的人，就有深深的戀舊心理。他們喜

歡回憶過去的歡樂情景，喜歡回憶過去與自己共同生活的人，所以，他們收藏照片和書信，收藏那些往日的畫面和景象，以及在自己生命中出現過、曾經有過文字交流的每一個人。每當他們翻開相簿，或者重讀往日的書信，就好像回到了過去。他們會由衷地感到，過去的一切都那麼美好，現實生活中卻有那麼多的坎坷和挫折。於是，他們更加戀舊，也更加珍惜以前的照片和書信。因此，他們收藏照片和書信，把這些記錄過去的美好物品細心地整理好，時不時拿出來欣賞一番，以滿足自己的戀舊心理。

除了照片和書信，還有許多東西可以收藏，並且，根據不同的收藏品，可以看出收藏者不同的心理和性格。

有的人喜歡收藏藝術品或者古董。因為藝術品與古董往往代表著高雅、博學，更是財富的象徵，因此，收藏藝術品或古董的人，比較注重自己的社會地位和身分。而且，由於收藏品的等級和價值是收藏者之間品味和眼光的較量，所以，這類人好勝心很強。

有的人喜歡收藏書籍、報刊。這樣的人，喜歡在家裡讀書，有學識和上進心，喜歡獨處並能自得其樂。不過，他們的藏書雖然很多，但大多數已經過時，但是他們依然樂此不疲，所以這樣的人在現實生活中總是比別人落後一些。

有的人喜歡收藏旅遊紀念品。這樣的人喜歡不斷地追求新鮮、刺激，並具有探索的勇氣和愛好。他們為了追求令自己滿

第六章　喜好剖析：從興趣洞見真實性格

意的收藏品，樂於冒險，出入荒山野嶺之中，將自己的足跡留遍大江南北。

有的人喜歡收藏象徵榮譽的物品。此類人大都有著輝煌的過去，通常對現狀不滿，認為自己曾經的輝煌不應該那麼快被遺忘。所以，他們也是懷舊的人，只能依靠回憶過去的光榮歷史來撫慰自己的心靈。

有的人喜歡收藏刺繡。這類人的邏輯非常縝密，辦事井然有序，有主見、不隨波逐流、不急功近利。因為無論是刺繡發展的歷史，還是刺繡本身所花費的時間，都是漫長的過程，所以，喜愛收藏刺繡的人，意志力很強，最後大多能夠成功。

有的人喜歡收藏舊票據。這類人有很強的組織和領導能力，辦事條理清晰，非常細心且認真。不過，他們的精力也過多地浪費在了沒有用的細節和過程當中，有的時候有點杞人憂天。他們偶爾也有尋找刺激的念頭，但是到最後還是不會打亂自己的生活狀態，所以他們的生活幾乎是一成不變的。

還有的人喜歡收藏玩具。這樣的人很容易滿足，喜歡待在家裡，喜歡過平靜安逸的生活。他們也會戀舊，對曾經有過的輝煌感到自豪，並極力保存在記憶中。他們的心比較單純，有點幼稚。他們追求的就是年輕，喜歡和孩子一起玩，並能從中得到快樂。

從形形色色的收藏愛好裡，可以讀出人們不同的性格和心

理。不過,整體來說,收藏本身就是一種對過去的留戀。因此,不只是收藏照片和書信的人才有戀舊心理。

愛讀小說的人敏感,愛讀雜誌的人理性

讀書一直是人們重要的消遣方式。人們從書中汲取營養、獲得力量,而一本好書往往能夠影響一個人對事物和人生的看法。因此,一個人看的書往往能夠反映出他目前的心理狀態。

喜歡讀言情小說的人感情細膩、生性敏感,能夠和書中的人物同悲同喜,在生活中也善於觀察別人的感受,比較善解人意。同時,他們也有些多愁善感,常常觸景生情。喜歡讀偵探小說的人善於邏輯推理分析,喜歡挑戰邏輯方面的難題,在生活中有很強的洞察能力。他們有很強的好奇心,喜歡探索未知的新鮮事物。

喜歡讀武俠小說的人內心有非常濃厚的英雄情結,希望自己能夠打抱不平、出人頭地。他們充滿幻想,感情豐富,有很強的正義感,但有時顯得固執。喜歡讀恐怖小說的人懶得自己思考,靠恐怖刺激的情節激發自己的腦細胞,很少從身邊的人和事中找到樂趣。然而他們心態很好,不會因為書中的恐怖情節影響自己的心情。喜歡讀科幻小說的人對新興的科學技術非常著迷,具有天馬行空的想像力,喜歡做各種假設,例如關於

第六章　喜好剖析：從興趣洞見真實性格

未來世界、外星人入侵等等。他們不講究實際，經常在幻想中過日子。

相比之下，愛讀報章雜誌的人更加理性。這類人不想把時間花在虛構的小說當中，每天必讀報紙雜誌，渴望及時了解政治、經濟、文化等各個方面的新資訊。他們喜歡思考各類社會事件和社會現象，對於最近發生的事情有很強的好奇心，常常對社會時事發表自己的見解。這類人通常勤於思考，喜歡分析周遭的人和事，擅長進行邏輯分析。

喜歡讀名人傳記的人野心勃勃。我們身邊有很多朋友愛看名人傳記，歷史上著名的軍事家、政治家，國內外著名的財經名人都是他們關注的焦點。愛看名人傳記的人，如果不是為了寫論文而蒐集資料，就一定是因崇拜而想要以之為榜樣，以男性居多。他們有很強的上進心，想要成就一番事業，不甘心過平凡的生活，因此從名人傳記中汲取別人成功的經驗，把名人當作自己的榜樣。

在他們看來，想要成功，就要像成功人士那樣思考和行動，名人傳記則是了解這些人的最佳途徑。此外，從這些成功者的艱辛奮鬥經歷中，他們獲得強大的精神力量，鼓勵自己持續努力不懈。喜歡讀歷史書籍的人平時喜歡思考，不喜歡胡扯、閒談，寧願花時間做一些有建設性的工作，而不想去參加無意義的社交活動。喜歡看漫畫的人通常童心未泯，不喜歡把生活看得太複雜，喜歡單純的人際關係和簡單俐落的做事方式，有時

愛讀小說的人敏感，愛讀雜誌的人理性

會因對別人不加防備而吃虧。喜歡讀時尚雜誌的人非常在意自己的外貌，十分注重面子，在日常生活中會盡力改變自己在別人心目中的形象。

第六章　喜好剖析：從興趣洞見真實性格

第七章　贏得好感：
從暗語到人心的連結

第七章　贏得好感：從暗語到人心的連結

不要隨便進入他人的「親密區域」

小平是一個推銷保健食品的業務員。有一天，她在社區裡遇到了同一棟大樓裡的王小姐。也許是因為平日裡總是時常見面，她向王小姐介紹保健食品的時候格外熱情。在整個講解的過程中，她不斷拉王小姐的手臂、搭肩膀、附耳說話，想讓王小姐快點買下她的保健食品。可是適得其反，王小姐眉頭緊鎖，小平向她靠近一步，她就退後一步，始終和小平保持著一定的距離。最後，王小姐婉拒了小平推銷的產品。

從此例子中可以看出，王小姐的肢體語言已經暗示小平，她並不想買小平的產品，對小平並不信任，可惜小平沒有讀懂。有個很簡單的技巧可以判斷你的談話對象是否信任你：如果你輕輕上前一步，想拉近你們的距離，而對方卻後退一步，這就表明，對方對你有警戒心，並不信任你。如果這時你還不識相地再進一步，對方會更加不信任你。

人與人相處需要保持一定的距離，想讓對方信任你，先要維持「讓對方舒適」的距離。這點，人和動物其實是相似的。叔本華曾經講過「刺蝟哲學」。一群刺蝟在寒冷的冬天相互靠近，為的是透過彼此的體溫取暖以免凍死，可是很快牠們就被彼此身上的硬刺刺痛，只能分開；當取暖的需求又迫在眼前時，牠們又重複了第一次的痛苦；最終，牠們在兩種痛苦之間反覆嘗試，直至發現適當的距離使牠們能夠互相取暖而又不被刺傷為止。

不要隨便進入他人的「親密區域」

人與人之間也應保持一定的距離。以日常生活中乘坐公車為例,如果上車後你發現只有最後一排還有幾個座位,走在你前面的一位男士坐在了中間,旁邊還有四個座位,這時,你會坐在哪裡呢?一般情況下,你多半會坐在兩邊靠窗戶的座位上,而不會緊挨著那位男士坐下。這是因為人在潛意識裡會不自覺地和不熟悉的人保持一定的距離。

美國人類學家愛德華・霍爾(Edward Hall)博士將人類的這種距離關係劃分為以下幾種:

✦ 親密距離

這是你和他人交往中的最小間隔,即我們常說的「親密無間」。兩人距離在 15 公分之內,彼此間可以親密接觸、耳鬢廝磨,以至於相互感受到對方的體溫、氣息;或者為 15 ～ 44 公分之間,身體上的接觸可能表現為挽臂牽手,或促膝談心,仍展現出親密友好的人際關係。

✦ 個人距離

這是與他人間隔稍有分寸的距離,較少有直接的身體接觸,兩人距離為 46 ～ 76 公分之間,正好能親切握手,友好交談;或者為 76 ～ 122 公分之間,任何朋友和熟人都可以自由地進入這個空間。不過,在一般情況下,較為熟稔的熟人之間交往時,之間的距離更接近前者,而陌生人之間談話時則更接近後者。

人際交往中,親密距離與個人距離通常出現在非正式社交

第七章　贏得好感：從暗語到人心的連結

情境中，在正式社交場合則會是社交距離。這種距離一般為 1.2～2.1 公尺。在工作環境和社交聚會上，人們大抵上都保持這種距離。

✦ **公眾距離**

這是公開演說時演講者與聽眾所保持的距離。其距離為 3.7～7.6 公尺，或者在 7.6 公尺之外。這是一個幾乎能容納所有人的「門戶開放」空間，人們自然也可以對處於這個空間的其他人「視而不見」、不予交流，因為相互之間未必有什麼連繫。因此，這個空間的交流，大多是當眾演講等情境。當演講者試圖與一個特定的聽眾談話時，他必須走下講臺，使兩個人的距離縮短為個人距離或社交距離，才能夠達成有效溝通。

當然，人際交往的空間距離不是固定不變的，它具有一定的伸縮性。生活中，你要留意談話對象的肢體語言，因為隨便進入他人的「親密區域」，不光會使對方對你的信任度降低，還會使對方對你更加反感。

不自覺的模仿是欣賞的象徵

閉上眼睛細想一下在文藝片中經常會出現的約會場面：一對甜蜜的戀人坐在茶館或者咖啡廳裡面，悠閒自在地品味著香茶或咖啡。他們的表情動作會有什麼特別之處嗎？

不自覺的模仿是欣賞的象徵

他們是不是時不時出現同一種表情或同一個動作,就像是鏡外的人和鏡裡的影一樣?一方用手摸摸頭髮,另一方也用手摸摸頭髮;一方翹起二郎腿,另一方也跟著翹腳;一方捂著嘴笑起來,另一方也跟著捂著嘴笑;一方舉起了杯子,另一方也隨之舉杯⋯⋯

想到或者看到這樣一幅畫面,你有什麼感覺或想法?是不是覺得很溫馨、很浪漫,感覺這兩個人關係非常親密、心心相印?相信很多人都會有這種感覺。這是為什麼呢?

其實,這是因為他倆的步調是如此一致,從心理解讀的角度來講,這種感覺是有其道理的。

人與人之間這種表情或動作的一致性被稱為「同步行為」。同步行為不僅存在於戀人之間,在我們日常的工作及生活中也普遍存在,比如親人之間、朋友之間、同事之間、上下級之間。那麼,是什麼誘發了人們的「同步行為」?

肢體動作是一種內心交流的方式。兩人彼此把對方作為所效仿的對象,應該是出於相互欣賞或有相同的心理狀態。即雙方相互欣賞或看法一致引發了他們的同步行為。換句話說,同步行為代表著雙方思考方式和態度的相似或相通。

一般而言,同步行為的一致性與雙方關係的和諧度成正比。在雙方會面中,如果兩個人關係和諧、相互欣賞,那麼他們的同步行為會很多、很細微。反之,同步行為則會很少。

第七章　贏得好感：從暗語到人心的連結

想想會議中人們的表情，對某種意見持贊成態度的人和持反對態度的人，是不是往往各自做出截然不同的動作？贊成的人面帶微笑，不斷地點頭示意；反對的人眉頭緊鎖、嘴唇緊閉……

再想想生活中常會遇到的情景，去商場購物或去展覽會參觀，你看上了一件物品，另一個人也看上了，你倆一同走近這件物品，一邊看一邊發出嘖嘖的讚嘆聲：「真漂亮。」就幾秒鐘，你們便互生好感，頗有點英雄所見略同的感覺。

兩人因志趣相投、相互欣賞產生了同步行為，反過來，同步行為也可以促進彼此的內心交流，加深彼此的好感與欣賞程度。

在日常生活中，透過製造同步行為，可以拉近彼此的心理距離，贏得對方的好感，讓雙方的交談在不經意間變得和諧愉快。

作為下屬，很多人都納悶：為什麼自己欣賞的上司也欣賞自己，自己不喜歡的上司也不喜歡自己？其實，正是同步行為在其中發揮作用。你向上司傳遞了欣賞，上司感覺到後，對你產生好感，也試著以欣賞的眼光看你。由此推論，如果想得到上司的認可與欣賞，你首先應該認可、欣賞上司。你不妨這樣做：與上司在一起時，當上司無意中做出某個動作時，你也跟著做某個動作；上司做出某種表情，你也以同樣的表情回應。作為上司，有時也有必要故意與下屬同步。比如，某下屬在你面前很緊張，你不妨擺出與其相同的姿勢，拉近彼此的心理距

離，緩解下屬的緊張情緒。

對於有利益往來的雙方，同步行為的魅力也絲毫不減。在推銷或談判過程中，如果你的請求或勸說得不到回應，不妨故意製造一些同步行為，快速攻破對方的心理防線。比如，對方翻閱檔案，你也翻閱檔案；對方脫下外套，你也脫下外套；對方將視線投向窗外，你也轉頭欣賞窗外景色。如此反覆幾次，自然會引發對方的好感，緩和矛盾，使對方樂於接受你的意見，滿足你的請求。不過，在效仿對方的舉止時，要注意不露痕跡，否則，讓人誤認為你是在故意取笑或討好，反而造成失敗。

提升溝通效率的方法

要想建立與對方的親善關係，配合對方的精神狀態也是很重要的。要做到這一點，你必須能夠注意到對方的情緒狀態。有的人在午休時間之前情緒都會有點低落。他們從早上和同事打過招呼後，就一直坐在椅子裡，渾身散發著「不要打擾我」的氣息。直到午休時間，他們才會真正地睜開眼睛，情緒也才會好轉。這並不是表示他們的工作狀態不太好，而是說他們需要更長的時間才會進入社交狀態。一般人的情緒狀態都會不斷變化，但這類人就像慵懶的貓一樣，情緒只處於一種狀態中，而且很少會表現出快節奏的肢體語言。

第七章 贏得好感：從暗語到人心的連結

但是有的人卻正好相反。他們常常精力充沛、堅決果斷，早上笑容滿面地衝進辦公室，精神飽滿地和其他人打招呼；即使勞累了一天後，還能一路小跑回家。

也許你正精力充沛、興致勃勃，但是你的工作計畫需要得到一個昏昏欲睡、性格內向的同事的支持與配合。這時候，你最好稍稍放慢腳步，不能一開始就試著讓你們兩個人都充滿熱情。如果你大叫一聲，重重地拍一下同事的背，把他嚇了一大跳，咖啡都灑了出來，甚至灑到了筆記型電腦上，那麼當你要求與他合作時肯定會遭到拒絕。相反地，如果你是那種行動遲緩、處處謹小慎微的人，恰好又需要與那些精力充沛、行動果斷的人合作，那麼你就必須想辦法點燃自己的熱情，否則很可能激怒你的合作者。

有生理學家指出，每 90～120 分鐘，我們的身體會經歷一個從精力充沛到精力衰竭的週期。在精力衰竭的時期，我們會注意力分散、坐立不安、打瞌睡和感到飢餓。這個時候，我們的身體需要一段時間來恢復。如果你恰恰在對方進入精力衰竭期時去與對方說話或者請對方辦事，那麼碰壁的可能性會大大提升。

要記住，有時候你被對方拒絕，並不是因為你的創意不夠好，而是因為你的情緒狀態沒有與配合對方。所以，如果知道對方在午休過後更容易接受意見，就要把會談約在午休後，盡量調整自己，使自己配合對方的感受，這樣溝通效率也會大大提升。

拿出誠意傾聽，適時重複對方的話

很多人都有這樣的錯誤認知：總是重複對方的話好像顯得自己比較囉唆，容易引發他人的不滿。其實實際情況並非如此。的確，過度重複容易讓人產生不滿，然而要是重複得恰到好處，適當地重複對方話語的重點，那麼對方便會認為你很重視這次談話，能夠抓住談話的重點。那樣，效果就不一樣了。

在與人交談的過程中，適當重複對方的話，既可以提升自己的理解程度，顯示對對方的尊重，還可以強調問題和結果，激發對方對談話的興趣。和朋友交往，必須給予人信任感，這是不言而喻的。那麼，怎樣才能讓朋友對你產生信任感呢？其實很簡單──溝通的過程是最容易獲得朋友信任的時候，而溝通過程中能否適當地重複對方的話尤為重要。

在恰當的時候重複對方發言的重點，是加深他人對我們印象最簡單而有效的方法。這是因為，大多數人都對自己的話語有特殊的感情，尤其是在某些情況下，經過深思熟慮之後的發言。這類發言對於他們來說相當重要，這個時候一旦我們對其發言不以為意或者不加重視，就很難讓對方對我們有什麼深刻的好印象，反而還會令對方把我們歸類為非「志同道合」的陌生人。其實，在這個過程中，我們只要設身處地地了解對方的煩惱與要求，回應一下他們內心的滿足感或者說虛榮心，就很容易收到良好效果。

第七章　贏得好感：從暗語到人心的連結

因此，聽取了他人的意見後，一面點頭表示自己同意，一面適當重複對方的話，就能讓對方感覺受到重視，從而拉近你們的距離。對方會不由自主地對你說心裡話，將你當作好朋友來對待。

妙用「地形」心理學，讓對方喜歡你

在軍事上，領地和地形有著十分重要的意義。與陌生人打交道時，不同的「地形」也影響著雙方談話的舒適度和好感程度。想要迅速贏得陌生人的信任和好感，就需要巧妙地運用「地形」心理學。

美國心理學家穆勒（Muller）和他的助手做過一次有趣的實驗，證明許多人在自家的客廳裡談話，比在別人的客廳裡更能說服對方。這就表明，人們在自己熟悉的地方與人交往更無拘無束，可以靈活主動地展現或推銷自己，有利於成功社交。

因此，倘若在別人熟悉而自己不熟悉的地方交流，則容易引起莫名的不安和恐懼，難以灑脫自如，自然處於劣勢。這也解釋了為什麼在比較開放的今天，和相親對象的初次見面，絕大多數人仍傾向在自己的「領地」內進行，而不願到對方的「地盤」內。

不過，需要說明的是，在自己的領地內，固然便於充分發

揮自己的交往潛能，但也時常伴隨少了約束的壞處，使自己的缺點外露。而在別人的地盤內進行，雖然受到的約束較多，卻可專心致志，有利於深度、全方位地觀察和了解對方。

此外，在與人相處時，雙方的位置很重要，它直接或間接地決定你的影響力如何。具體說來，「地形」心理學有以下要點。

第一，初次見面，站在對方的旁邊，能較迅速地建立親近感。初次見面，和人面對面地談話，是一件不好受的事。因為兩人視線極易交會，導致緊張感增加。而位於旁邊的位置，則不必一直注意對方的視線，因而容易放鬆下來。另外，在室內放一盆花，使對方有轉移視線的對象，效果會更好。

第二，相距50公分能讓對方留下好印象。要使對方對你產生好感，就應保持理想的距離。談話的距離較近，能製造融洽的氣氛，消除緊張情緒。最合適的距離就是一方伸出手可以碰到另一方，即50公分左右。如果你想在社交中盡快打破僵局、適應環境，那麼，每次與人打招呼或談話的時候，要盡可能把距離拉近一些。當然，拉近距離並不是親密無間，特別是在與上級或女性打交道時，不能冒昧莽撞，不然會引起對方反感，以為你沒有規矩或心術不正，反而弄巧成拙。

第三，黑暗有助於人們交往。在光線暗的地方，人們比較容易親近。心理學的實驗也表明，人們聚在黑暗中，因減少戒備而增加了親近感，便於雙方溝通。同時，在黑暗中，對方難

第七章　贏得好感：從暗語到人心的連結

以看清自己的表情，也容易產生安全感。如此一來，彼此間的對立情緒就會遠少於光線明亮的場所。當你想與他人建立親密關係的時候，就應盡量請他們到酒吧、俱樂部、咖啡廳等地方。

第四，坐椅子時，淺坐的姿勢會令人產生好感。

交談時，如果深深地坐在沙發或椅子上，甚至上半身靠在椅子上，就會讓人覺得你根本沒有專心傾聽，缺乏誠意。相反地，如果淺坐在椅子前端的三分之一處，就會使人產生好感。因為這種姿勢會使上半身自然地向前傾，是最佳的聆聽姿勢。此外，這種隨時可從椅子上起立的姿勢，還會讓對方留下正向活潑的印象。

讓出談話的主動權，滿足他人的傾訴欲

一位著名記者曾說：「不肯留心去聽人家說話，這是無法受人歡迎的原因之一。普遍的人，他們只注意自己應該怎樣地說下去，完全不管人家要怎樣說。要知道世界上大多數人歡迎專聽人說話的人，很少有人歡迎只顧自己說話的人。」

很多人在生活中常犯一個毛病：一旦打開話匣子，就難以止住。其實，這種人得不償失，因為話說得多了，既費精力，向他人傳遞的訊息又太多，還有可能傷害他人；另外，無法從他人身上吸取更多的東西，因為他們總是不給別人機會。其

讓出談話的主動權，滿足他人的傾訴欲

實，每個人天生都有渴望傾訴的心理，希望能夠暢快地表達自己，希望有人能夠安靜地聽自己說話。在與人交談的過程中，我們應該隨時關注對方的這種心理，學會當認真的傾聽者，讓出談話的主動權，滿足他人的傾訴欲。

與人交談時要暫時忘記自己，不要老是沒完沒了地談論個人生活。你要在交談中給對方發表意見的機會，盡量引導別人說說自己的事情；同時，你要以充滿同理和熱誠的心去聽他的敘述，這樣一定會讓對方高興，讓對方留下最佳印象。

如果有幾個朋友聚在一起談話，當中只有一個人口若懸河，其他人只是呆呆聽著，聚會就變成演講會，在場的其他人會感到無可奈何和憤怒。每個人都有表達的欲望。小學生聽到老師提出的問題，爭先恐後地舉起手來，希望老師讓自己回答。即使他們對於這個問題還沒有徹底了解，也還是要舉起手來，並不在乎回答錯誤會被同學們恥笑。這說明人的表達欲望是天生的，只是小學生不像成年人有那麼多顧慮。成人聽人家講述某一事件時，雖然並不像小學生那樣爭先恐後地舉起手來，然而他們的喉頭老是癢癢的，恨不得對方趕緊講完了好讓自己講。

遏止別人的表達欲，人家一定會對你不滿。在此情況下，你將很難得到別人的認同。為什麼要做這樣的傻事呢？你不但應該讓別人有發表意見的機會，還得設法引起別人說話的欲望，使人家感覺到你是一位討喜的朋友。

第七章　贏得好感：從暗語到人心的連結

在與人交談的過程中，與其自己嘮嘮叨叨地多說廢話，還不如爽爽快快，讓別人去說話，反而會得到意想不到的成功。如果能夠給別人說話的機會，你就會讓人留下好印象，別人就會更願意與你交談了。

能言善道的人很受歡迎，而善於傾聽的人才真正深得人心。話多難免有言過其實之嫌，被人形容為誇大其辭。靜心傾聽就沒有這些弊病，倒有兼聽則明的好處。用心聽，給人的印象是謙虛好學、專心穩重、誠實可靠。所以，有時候用雙耳聽比說更能贏得他人的認可和讚譽。

直呼其名，縮短彼此的心理距離

在和陌生人接觸時，關鍵細節之一就是如何稱呼對方。稱呼得好，就可以迅速拉近彼此之間的心理距離，快速建立友好關係；稱呼不妥，雙方還是會形同陌路，關係難以近一步發展，生意也就比較難做了。盡量不要使用大眾化的稱呼，這會使對方感覺你和別人完全一樣，沒什麼特別的。所以你應該使用一些比較特別的、讓別人感覺親近的稱呼，來迅速改變你們的關係。

在日常生活中，你可能聽到過這樣的話，也可能對別人說過這樣的話：不用稱我為老師，叫我名字就行了。聽到這句

話或說了這句話後,兩人的關係便彷彿進了一步。在愛情電影中,我們常常聽到男女主角這樣的對白:「不要叫我××,叫我阿× 吧。」看到這,你就知道,兩人的關係發生了變化,至少某一方希望另一方認為兩人的關係發生了變化。為什麼會這樣呢?因為彼此的稱呼與彼此的心理距離有關。也就是說,稱呼的改變,通常代表著心理距離的變化。

眾所周知,對初次見面的人,我們通常會以對方的姓加上頭銜來稱呼,而不直接以名字相稱。時間長了、相處久了、熟悉了,才會直呼其名。也就是說,以名字相稱建立在兩個人相對親密的關係上。當兩個人心理上的距離越來越近時,他們之間的稱呼也會發生變化,從稱姓加頭銜,到呼名,再到以綽號相稱。

我們也常常看到,某人與另一個人雖然見面不久,關係不算親密,但他也以名字或暱稱來稱呼對方。這代表著什麼?代表著他希望盡快拉近與對方的關係。這也是政治家們將對手「化敵為友」的慣用手法。面對一個從未謀面的人,他們也能夠用非常自然、非常親切的口吻喊出對方的名字。例如,美國前總統雷根和日本前首相中曾根康弘初次會面時,雷根總統對中曾根康弘直呼其名,叫他「康弘」;,中曾根康弘也同樣直呼雷根總統的名字。其實,日本人並沒有直呼其名的習慣,中曾根康弘之所以違背自己的民族習慣,無非是想強調兩國友好,希望會談能在親密友好的氣氛中進行。

第七章　贏得好感：從暗語到人心的連結

這種透過改變稱呼來拉近彼此間心理距離的方法，在業務界也被廣為利用。

有一個業務要去拜訪一位房地產公司的老闆。房地產公司有位前臺小姐叫鍾曉慧。鍾曉慧作為一位接待小姐，每天都要接觸到不少的訪客，她可以清楚地區分哪些人親切、哪些人不親切。業務要想見到老闆，必須先過她這一關。

第一次拜訪時，業務以銳利的眼神專注地看著她胸前的名牌，然後神采奕奕地和她打招呼：「鍾小姐，我是李總的朋友，我有很重要的私事要和他談。」「對不起，今天李總吩咐不見客。」鍾曉慧一點都不給他面子。

第二天，業務又來了。這次他改變了作風，在彼此熟悉之後，他說道：「呀，改變髮型了，很符合妳的風格嘛，以後就叫妳『曉慧』好了。曉慧，我今天有重要的事情得跟李總談，請轉告一聲。」他說完後熱切地看著鍾曉慧。鍾曉慧這次變得非常爽快，立刻帶他去見李總。

一般而言，「×小姐」是比較正式的稱呼。可如果總是運用這樣的稱呼，對方就會感覺你始終和她保持著一段距離，她自然也就和你保持距離了。但是，直接稱呼對方的名字，是關係很好的朋友之間的做法。業務很自然地改變稱呼，便會迅速拉近彼此之間的距離，加深雙方之間的感情。可見，如果總是局限於陌生人的禮儀，根本無法進一步加強兩人的感情。要想與

陌生人迅速建立關係，或者改變你與朋友、顧客、客戶之間的關係，就要改變對他們的稱呼，拉近彼此的距離。

當然，就一般的生意場合而言，如何改變稱呼還是要看具體情況。並不是越早改變稱呼越好，也不是一見面就直接稱呼對方名字就好，應該根據雙方關係的進展情況來隨機應變。有時你必須保留一段時間讓對方慢慢習慣，不要太過急躁，否則會顯得輕浮。在改變稱呼時要不留痕跡，盡量自然。例如胡雪巖在初次拜見稽鶴齡時，先是稱對方為「稽大哥」，然後稱「老兄」，最後又改為「鶴齡兄」，在不露聲色中就加深了彼此的關係，並且不著一絲痕跡，這種高超的交際手腕著實令人讚嘆。

在生活中，這種交際方法也時常能夠為我們所用。比如，遇到一個難以接近的朋友時，你不妨直呼其名或者請對方直接叫你的名字。如果你希望與同事走得更近，不妨偶爾稱呼對方的暱稱或讓對方稱呼你的暱稱。當然，你要盡可能表現自然，不要讓對方覺得你是在裝腔作勢。

對你彬彬有禮的人不歡迎你太親近

人們之間相互交流的話語是反映關係親疏的重要象徵。仔細想想你會發現，和閨密、死黨在一起時，說話總有點大剌剌，想說什麼就說什麼，甚至互相「使喚」或「數落」對方，反

第七章　贏得好感：從暗語到人心的連結

而更顯出友誼深厚。愛人之間更是如此，所謂「打是情，罵是愛」，打打鬧鬧的夫妻情誼深厚；相反地，「相敬如賓」則很有可能演變成「相敬如冰」。反過來說，和不熟悉的人交往，人們會十分注重禮節，說話做事都小心翼翼。話語可以拉近或推遠相互之間的心理距離。保持適當的心理距離是人際交往的必要條件，然而如果某個人對你總是彬彬有禮，那就不只是禮貌，更是一種自我保護與防衛。

　　曉媛進入公司已經兩個月了，生性活潑的她與辦公室的同事相處得不錯。其中一個女孩對曉媛總是非常客氣，「請」、「沒關係」、「謝謝」這些詞總是掛在嘴邊。一開始，曉媛覺得這個女孩很有修養，於是想接近她和她交朋友。後來，她慢慢發現對方其實不太喜歡和自己相處，兩人關係總是不遠不近，反倒是那些愛開玩笑的同事和自己成了要好的朋友。可見，禮貌有時被人們當作與人保持距離的武器。對於不想親近的人，人們不好意思直接說「我不喜歡你，請你離我遠一點」，於是採取這種婉轉的方式，見面會報以微笑，說話也總是很客氣，甚至有時候客氣得讓你覺得不好意思，這就是在暗示你「我把你當成外人，不想和你太親近」。如果有人這樣對你，千萬不要誤會對方是個「十分懂禮貌、有修養的人」，真正有修養的人不會讓別人感到不舒服。遇到這種情況，最好識趣地應酬幾句就走開，別把對方的禮貌當成對你的好感。

　　日本語言學家樺島忠夫說：「敬語顯示出人際關係的親疏、

身分、勢力，一旦使用不當或錯誤，便擾亂了應有的彼此關係。」在無關緊要或特別熟悉的關係中，我們根本沒有必要使用敬語。如果在很親密的關係中，對方突然使用敬語對你說話，那就得小心了：你們之間是否出現了新的隔閡？如果對方在交談中常常無意間使用敬語，這說明你們雙方心理距離很大。過分地使用敬語，就表示有激烈的嫉妒、敵意、輕蔑和戒心。所以，若一個女人對男人說話時使用過多的敬語，絕對不是表示對他的尊敬，反而是表示「我對他一點意思也沒有」，或是「我根本就不想接近這類男人」等強烈的排斥感。

有些人雖然彼此交往時間很長，也很了解彼此，但是，對方依然使用客氣的言辭，說話也十分謹慎，談話總是停留在寒暄層面。在這種情況下，對方如果不是在心理上有所衝突與苦悶，就是在心中懷有敵意。為求掩飾，便啟動心理防衛機制──對人更加恭敬。換句話說，這類以令人難以忍受的過分謙恭態度對待別人的人，內心往往積壓著對別人的強烈攻擊欲。有人故意使用謙遜與客氣的言語，因為他們企圖利用這種方式和態度闖進對方心裡，突破對方心中的警戒。實際上，他們真正的動機在於掌握對方，實現居高臨下的願望。

綜上所述，無論是哪一種情況，如果有人總是對你彬彬有禮，即使認識很長時間了也始終如此，那麼請提高警覺，對方從未把你當成朋友，你最好也敬而遠之。

第七章　贏得好感：從暗語到人心的連結

多說「我們」，不是自己人也拉成自己人

新婚燕爾，妻子對丈夫說：「從此以後，不能說『你的』、『我的』，要說『我們的』。」

丈夫點頭稱是。沒多久，妻子問丈夫：「親愛的，我們今天去哪裡啊？」

丈夫說：「去我表姐家。」妻子就不滿意了，糾正說：「是去我們表姐家。」

丈夫去洗手間，過了很久還不出來。妻子問：「親愛的，你在裡面做什麼呢？」

丈夫答道：「我在刮我們的鬍子。」

這雖然是一則笑話，可是它顯示出一個重點，即「我們」這個詞可以拉近雙方的距離，對促進人際關係有很大的幫助。

曾經有位心理學家做了一項有名的實驗。他挑選編組了三個小團隊，並且分派三人飾演專制型、放任型、民主型領導人，各自率領其中一個團隊，然後對這三個團隊進行意識調查。

結果，民主型領導人所帶領的這個團隊表現了強烈的同伴意識。而其中最有趣的就是，這個團隊中的成員大都使用「我們」一詞來說話。

經常聽演講的人，大概都有這樣的經驗：演講者說「我這麼想」不如說「我們是否應該這樣」更能使你覺得和對方的距離

很近。因為「我們」這個詞，就是要表現「你也參與其中」的意思，所以會令對方產生參與意識。

小孩子在玩耍時，經常會說「這是我的東西」或「我要這樣做」。在成人世界裡，有時也會出現類似說法，而這種人不僅無法令對方有好印象，可能在人際關係方面也會遭遇阻礙，甚至會在自己所屬的群體中處於被孤立的境地。

人心是很微妙的。同樣是與人交談，有的說話方式會令對方反感，而有的說話方式卻會令對方不由自主地妥協。

事實上，我們在聽別人說話時，對方說「我」、「我認為」帶給我們的感受，遠不如採用「我們」來得美好。因為採用「我們」這種說法，可以讓人產生團結意識。

某次公司年會上，有位先生在講話的前三分鐘內，一共用了6個「我」。他不是說「我」，就是說「我的」，如「我的公司」、「我的花園」等。隨後一位熟人走上前去對他說：「真遺憾，你失去了你的所有員工。」

那個人愣了愣說：「我失去了所有員工？沒有呀，他們都好好地在公司上班呢！」

「哦，難道你的這些員工與公司沒有任何關係嗎？」

亨利‧福特二世（Henry Ford II）說：「一個滿嘴『我』的人，一個獨占『我』字、隨時隨地說『我』的人，是個不受歡迎的人。」

第七章　贏得好感：從暗語到人心的連結

在人際交往中,「我」字講得太多並過分強調,會給人突出自我、標榜自我的印象。這會在對方與你之間築起一道防線,影響別人對你的認同。

因此,會說話的人,在發言時總會避開「我」字,而用「我們」開頭。下面幾點建議可供你參考:

✦ **盡量用「我們」代替「我」**

很多情況下,你可以用「我們」一詞代替「我」。這可以縮短你和大家的心理距離,促進彼此之間的感情交流。

例如:「我建議,今天下午……」可以改成:「今天下午,我們……好嗎?」

✦ **這樣說話時應用「我們」開頭**

在員工大會上,你想說:「我最近做過一項調查,發現40%的員工對公司有不滿的情緒,我認為這些不滿情緒……」

如果你將上面這段話的兩個「我」字轉換成「我們」,效果就會大不相同。說「我」有時只能代表你一個人,而說「我們」代表的是公司,代表的是大家,員工們自然更容易接受。

✦ **非得用「我」字時,以平緩的語調講**

不可避免地要講到「我」時,要做到語氣平和,既不把「我」讀成重音,也不把語音拖長。同時,目光不要逼人,表情不要眉飛色舞,神態不要得意揚揚。要把表述的重點放在事件的客

觀敘述上，不要突出做事的「我」，以免使聆聽者覺得你自認為高人一等，覺得你在吹噓自己。

五種小動作代表他想盡快結束談話

假如你是小學老師一定深有體會，在快下課的時候，班上的那些「小麻雀」早就沒了耐心，他們往往一邊聽你喊著「不許做小動作，好好聽課」，一邊自顧自地把玩橡皮擦、鉛筆。他們默默在心裡倒數計時，翹首盼望下課鈴聲響起……這些小動作表明，他們想盡快結束這堂課，不想再聽你的長篇大論。

生活中也是如此。有時候對方明明覺得你的談話相當無趣、太囉唆、不會有任何結果，但是出於禮貌，他們通常不會指著你的鼻子叫你閉嘴，而是會用一些明顯的暗示性動作來提醒你：盡快結束談話，趕快收拾東西走人吧。

◆ 單手撐住整個側臉

你的長篇大論使他睡意來襲，他為了避免被你識破，只好用單手撐住側臉，告訴自己：「不要睡，不要睡，再堅持一下子，快結束了。」如果這個時候，你還不管不顧，相信他一定在心裡罵你「沒長眼睛」。

第七章　贏得好感：從暗語到人心的連結

✦ 眼睛不時向門口張望

一個人的視線總是會追隨著自己感興趣的東西。如果你沒站在門口和他交談，門口也沒有人進進出出，對方卻總是不停地向門口張望，這表明你已經把對方逼到想奪門而逃的地步了。對方想盡快結束談話，遠離你的噪音汙染。

✦ 用手抓耳朵

小孩子不想聽父母嘮叨的時候，會用手玩弄耳朵、抓耳朵或者乾脆掩住耳朵。意圖類似的動作還有摩擦耳背、掏耳朵等等。如果談話對象對你做出了這樣的動作，表示對方已經聽膩了，不想再聽，想盡快結束談話。

✦ 喝水，吃東西

對方會透過喝水、吃東西等動作來干擾你講話，會把東西咬得嘎嘎作響，喝水也會喝得咕嚕咕嚕的。這樣做表明對方已經對你的長篇大論忍無可忍了，你再不結束話題，對方都有朝你丟杯子的衝動了。

了解了這些小動作所暗示的訊息後，無論你的談話欲望有多強烈，當你面對某人並看到對方一面聽你說話，一面做著這些小動作，你就可以斷定他還有其他事，心已不在你這裡。快把他放走吧！

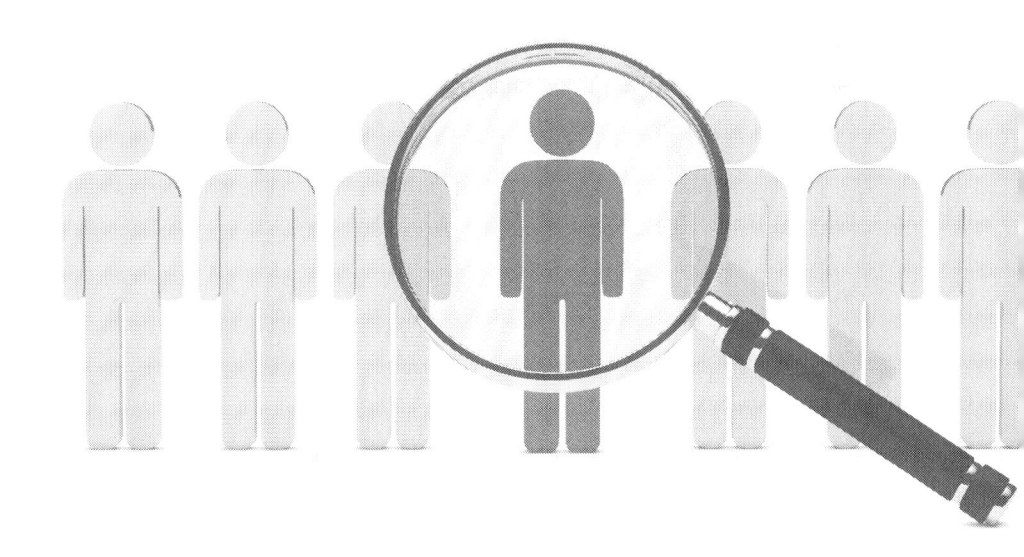

第八章　職場攻略：
微動作的潛規則

第八章　職場攻略：微動作的潛規則

注意，面試官在暗示你

求職時，人們會遇到形形色色的面試官。從進入辦公室開始，你就要一直面對這個人。問題是，我們並不知道對方的性情，因此不知道該如何與對方打交道。此時，不妨先觀察一下面試官的身體動作，也許能獲取些許有效的資訊。

◆ 嚴肅的面試官

當你走進面試的房間，發現面試官一臉嚴肅，似乎對你的出現沒有任何反應。然後他會對你說：「嗯，請坐。」等你坐好後，他便開始提出問題。

遇到這樣的面試官，新手會感到十分棘手。這類人就像是冷酷的「終結者」，很輕易就能把自己「刪掉」。實際上，這類考官可能是較為保守的一類，不想聽其他人的長篇大論，只注重你的實際能力。他們需要你將自己突出的某方面能力展現出來，而不是做過多的論述。或者，面試官內心也很緊張，是個外冷內熱的人。如果遇到合適的談論話題，他們或許會和你侃侃而談。當然，他最感興趣的還是你的能力和這種能力對公司有什麼幫助。

◆ 熱情的面試官

這類面試官一見到面試者就非常主動熱情，握手端茶。如此的舉動讓你感到受尊重，甚至有貴賓般的感受。甚至，他們

還會不停地讚賞你，讓你放鬆警惕。除非你非常有能力，足以讓這類面試官仰慕你的才華，否則，他們就是在「作秀」。這樣做的目的無非是想讓你「小看」面試的嚴肅性，然後充分表達，暴露自己的缺點。

◆ 禮貌的面試官

對待面試者，他們客氣有禮，很注意雙方之間相處的距離。就像正式場合中的外交代表一樣，他們既不過度熱情，也不會讓人感到冷漠。他們禮貌地疏遠你，不會主動開啟話題，只會安靜地聽你陳述。這類人大多心思縝密、城府很深，不容易被別人洞察內心。所以，你所能做的就是舉止得體、正常發揮。

◆ 一言不發的面試官

這樣的面試官極少見，他們從頭到尾不會說幾個字，都是讓你做自我陳述，只在最後吐出幾個字：「好，就這樣，你可以走了。」這種面試官通常是等著你自由發揮，看你如何進行自我陳述。即使他始終面無表情，也無須緊張，自由發揮即可。

◆ 善於言談的面試官

他們是會談中的主動者，一張嘴就能淋漓盡致地發揮自己的表達能力。這時，面試者應當感到慶幸——這是個自以為是的面試官，他們喜歡表現自己。這樣的面試官，需要你將面試

第八章 職場攻略：微動作的潛規則

中的絕大部分時間留給他們。當你頻頻點頭示意的時候，他們會加深對你的認可。要注意的是，他們需要你始終表現得恭恭敬敬，不能出現懈怠的神情。

綜上所述，只要我們注意觀察面試官的身體動作，就可能獲取一些有效的資訊。

由神情看決定

面試的緊要關頭，面試官的表情驟然變化，他究竟會如何做決定？

✦ 面試官眼睛的變化

面試快結束時，面試官眼睛上揚，看似一副滿意的表情，實際上傳達的是不太滿意。就像在說，這個問題似乎沒有表態的意義了。

如果面試官眼睛閃亮，可能是情緒激動造成的，說明他在遇到你這樣的人才時，感到情緒興奮。這無疑是對你最明顯的肯定。

如果面試官用眼睛注視你，似乎在進行某種默契的視線接觸，就像在傳達：你正是我們需要的人。當然，要注意面試官是不是在擠弄眼睛。在社交場合，兩個陌生人擠弄眼睛，有強

烈的挑逗含意。若面試官做出這樣的動作，你最好謹慎為妙。

✦ 面試官目光的變化

面試中，如果面試官目光閃爍不定，說明他性格浮躁，並未投入面試中，或表明你不被他信任。

假如面試官視線落點不定，說明在他內心深處受到不安的情緒干擾；或者他對你感到不滿，你不是他需要的人。

如果面試官眼睛往上揚，那麼他也許在心裡權衡。可能在你之前已經有了幾個人選，而你所處的位置比較尷尬，需要他更快地做出決斷。

如果面試官眼睛往下垂，那你成功的機率已經大大降低。他的表情說明，他對你已不感興趣。

✦ 面試官睫毛的變化

面試官的睫毛顫動、瞇眼睛等動作，說明他在極力壓抑情緒。也許你說錯了什麼，讓他開始壓抑自己的情緒。相反地，若是他眨眼的速度較慢，幅度卻很大，潛臺詞是「我不敢相信我的眼睛」，也就是說，他在懷疑你說的是真的嗎。另外，若面試官出現睫毛顫動時眼睛迅速開合的誇張動作，也是在表達：「不能騙我啊。」

綜上所述，我們可以透過觀察面試官的神情，來猜測他將要做怎樣的決定。

第八章　職場攻略：微動作的潛規則

看透同事的偽裝術，掌握相處的主動權

工作中，同事之間的互動，通常是閒談之語，難以觸動真心；即使內心有再大的波動，也會盡量壓抑。有關專家指出，人們為了保護自己，會使用更多、更複雜的偽裝。但是，一些外在的表現也能揭穿人們的這種表裡不一，因此，在對方什麼都不說的情況下，仍有可能探析對方的想法。

✦ 目光的暗示

視線的接觸通常具有很複雜的含義，但在同事之間，通常表示認真聆聽的凝視、不滿的怒視或正常的直視。男性以目光展現威嚴並不難，而女性在這方面表現得較弱，因為女性往往無法很有效地使用眼神接觸，她們過於敏感和害羞，往往造成他人誤解。為了展現女性的威嚴，妳不妨什麼話都不說，只用嚴厲的目光氣憤地看著對方的眼睛，保持凝固的臉部表情。妳也可以輕輕皺眉或者揚起眉毛。這種姿勢保持的時間越長，對方越會感到心虛，從而讓妳掌握到主動權。

✦ 臉色的警示

如果迎面而來的同事剛從經理的辦公室裡走出來，且面無表情，此時你最好不要直接上前攀談。在職場中，當員工不滿主管的言行時，常常敢怒不敢言，會表現出一副毫無表情的樣子。實際上，他們內心的情緒非常強烈，很需要一個藉口來發

洩。尤其是當他們臉孔僵硬時，最好不要輕易與他們說話，更不能再指責他們或者說令對方尷尬的話，否則，他們表面上不做回應，內心可能會想找機會報復你。

◆ 觸摸手部的暗示

在辦公室裡，如果同性之間碰觸對方，可能表示鼓勵或者占優勢地位，而不像生活中一樣，是在展現彼此的親密。如果是異性之間的碰觸，尤其是女性碰觸男性，她們也許是想展現權威，但往往會引發男性關於性方面的想法。

另外，當男性頻繁地摩擦褲子的時候，你可以斷定他們很緊張。因為人們緊張的時候手心通常會出汗，女性通常會使用手絹或者紙巾等物品來擦手，但男性通常沒有這些物品，所以會搓揉褲子。

◆ 選擇就座位置的暗示

如果辦公室裡有空椅子，通常人們會選擇不同的位置入座。如果有人選擇了靠近角落的位置，則說明這種人在工作中一向持退讓的態度，不想被過度打擾，只想安靜地擁有個人空間。選擇靠近中央位置的人，可能是比較外向，且具有攻擊力的人，這些人希望能控制局面，或者做出有影響力的決定。

◆ 距離的暗示

工作中，異性之間常常會有一些接觸。在距離較近的時候，女性通常對個人空間的大小較為敏感。如果女性表現得比較柔

第八章　職場攻略：微動作的潛規則

順，常常會忍受男性對其空間下意識地入侵。而女性如果想向男性展示權威，就必須表現得更強勢，拉開與對方的距離。

掌握同事類型，相處不走彎路

一個人想在職場中取得成功，僅有很強的工作能力是不夠的，必須「兩隻腳走路」：既要努力做好自己分內的工作，又要處理好人際關係。學會與人相處，可以讓你少走彎路，儘早成功。

由於教育程度、興趣愛好、家庭背景以及觀念的差異，我們會遇到各式各樣的人。倘若你明白對方屬於哪種類型的人，做到對症下藥、見機行事，交流起來就容易得多。哈佛大學公關學教授史密斯·泰格（Smith Tiger）總結了在職場中與各種人相處的不同技巧。

✦ **傲慢無禮型**

這種同事通常以自我為中心，高傲自大，常擺出一副盛氣凌人、唯我獨尊的架勢，缺乏自知之明。和這種人打交道或共事，如果你對他低聲下氣，他就會「變本加厲」；倘若你以傲抗傲，他更是會擺出一副「死豬不怕開水燙」的樣子。你只需長話短說，把需要交代的事情簡單說明完畢就行。如果請他辦事，那就另當別論了。

◆ 無私好人型

這種同事確實是天底下最善良的人,但往往容易被人忽略。他們不會壞你的事,所以你很可能也會不把他們當一回事,其實他們往往才是你可以真心相處的朋友。「辦公室裡無友誼」的論斷,在這些人身上會失去意義。

◆ 毫無表情型

這種同事,就算你很客氣地和他打招呼,他也不會做出相應的反應。按心理學的說法,這叫面無表情。面無表情並不代表他沒有喜怒哀樂,只是這種人壓抑住了熱情,不表露出來罷了。所以,這種人即使惹惱了別人,也會不聞不問。他們喜歡順其自然的相處方式,按照你的看法說下去,到關鍵時刻,他自然會用言語代替表情。

◆ 堅持己見型

這類同事通常觀念陳舊、思想老化,又堅決抵制外來的建議和意見,自以為是、剛愎自用。對待這種人,僅靠你的三寸不爛之舌是難以說服他的。你不妨單刀直入,把他工作和生活中某些錯誤的做法一一列舉出來,再結合眼下需要解決的問題,提醒他將會產生什麼嚴重後果。這樣一來,他即使當面抗拒你,內心也會開始動搖,懷疑起自己決定的正確性。這時,你趁機說明自己的觀點,動之以情,曉之以理,那麼,他接受的可能性就大多了。

第八章　職場攻略：微動作的潛規則

✦ 自私自利型

這種同事通常缺少關愛，內心比較孤獨。他永遠把自己和自己的利益放在第一位，你要他做於己不利的事，便會難以和他溝通。和這種同事相處，你必須從心靈上關注他，讓他感受到情感的溫暖和可貴。

✦ 沉默寡言型

這種同事通常性格內向，不善言辭與交際，但並不代表他沒話說。和他共處，你需要把談話節奏放慢，多發掘話題。一旦談到他擅長或感興趣的事，他馬上會「解凍」，滔滔不絕地開始向你傾訴。

✦ 深藏不露型

這種同事自我防衛心理非常強，害怕你窺視出他內心的祕密。其實，這是非常自卑的表現。你想了解他的為人和心理，不妨和他坐在一起多喝幾次酒，他會酒後吐真言。

✦ 生活散漫型

這種同事缺乏理想和積極上進的心，在生活中比較懶惰，工作上缺乏熱情。和這種同事相處，你只有用激將法才能把他的鬥志給挖掘出來。

✦ 草率決斷型

這種同事乍看反應敏捷，但他常常在交涉進行到高潮時，忽

然做出決斷,缺乏深謀遠慮,容易誤判。最好的辦法就是經常對他潑潑冷水,讓他保持清醒的頭腦,避免感情用事,草率做決定。

✦ 欺負新人型

欺負新人的想法其實我們每個人的心裡都多少有一些。這種同事對待新進的人,在相當長的一段時間裡都不把對方當一回事,指使對方做這做那。這種同事並非真正的壞人,頂多算是品格低下的「小市民」。只要他們做得不算過分,作為新人的你還是先忍著,過一段時間,他們自然會接受你的。不過你如果不願忍氣吞聲,或者說沒有那麼長時間的耐性,也不妨掌握好時機,奮起反擊他們一、兩次。這種同事一般都是欺軟怕硬的人,只要你反擊,他們也不敢再對你怎麼樣,很快就會把矛頭指向下一個新進員工。

✦ 搬弄是非型

這種同事與前一種類型的人相比之下,有品性上的差異。他們到處打聽其他人的隱私,並樂於製造、傳播一些謠言,企圖從中獲得什麼。而且,在他們的心中,任何人都算不上什麼(長官除外),他們自身卻沒有什麼所長。這種人讓你討厭,但他們並不可怕,所以你也不必如臨大敵,與他們計較。只要他們說的內容不構成誹謗,又能傷害你什麼呢?

綜上所述,判斷好同事的類型,可以更好地與他們相處,從而獲得良好的人際關係。

第八章　職場攻略：微動作的潛規則

揣摩上司的辦公桌，坐上升遷直達車

在辦公室裡，每個人都有自己的辦公桌，長官也不例外。在這一張看似普通的桌子上，如果你觀察得夠仔細的話，往往能發現上司的許多祕密。

◆ **處處整整齊齊型**

如果上司的辦公桌不管是桌面上，還是抽屜裡，都是整整齊齊的，各種物品都放在該放的位置上，讓人看起來覺得很舒服，這表明他辦事很有效率，生活也很有規律。該做什麼事情，他總會事先擬定計畫，這樣不至於發生措手不及的難堪。他很懂得珍惜時間，能夠精打細算地做更有意義的事情。他多半有崇高的理想和追求，並且一直在為此而努力。但是他習慣了依照計畫做事，所以，一些突發事件，常常會令他感到不知所措。在這一方面，他的應變能力就顯得稍微差了一些。

◆ **抽屜裡放置紀念品型**

習慣在抽屜裡放一些具有紀念意義物品的上司，大多是比較內向的。他們不太善於交際，所以朋友不多，但僅有的幾個卻非常要好。他們很看重和朋友之間的感情，所以會分外珍惜。他們有一些懷舊情結，總是希望珍藏一些美好的回憶。但他們比較脆弱，容易受傷害，而且做事也缺少足夠的恆心和毅力，常常會在挫折和困難面前不戰而退。

◆ **全都亂糟糟型**

　　抽屜和桌面全都亂糟糟的上司，大多待人親切和熱情，性格也很隨和。但他們做事通常只憑自己的愛好和一時的衝動，三分鐘熱情過後，可能就會自然而然地放棄。他們缺少深謀遠慮的智慧，不會把事情考慮得太周密，也沒有什麼長遠的計畫。他們的生活態度雖正向樂觀，但太過隨便，不拘小節，經常馬馬虎虎、得過且過。不過，他們的適應能力比一般人更強。

◆ **資料整齊有序型**

　　無論是桌面上還是抽屜裡，所有的資料都按照一定的次序和規則放好，整齊而又乾淨，這一類型的上司工作具有條理性，組織能力也很強，辦事效率高，而且具有強烈責任感，凡事小心謹慎，避免發生失誤，態度相當認真。這樣的人雖然可以把屬於自己的工作做得很好，但是有一點墨守成規，缺乏創新精神，所以不會有什麼開拓和創新。

◆ **外潔內亂型**

　　桌面上收拾得很乾淨、很整潔，但抽屜內卻是亂七八糟，這樣的上司雖然有足夠的智慧，但往往不能腳踏實地地做事，喜歡耍一些小聰明，做表面文章。他們性格大多散漫、懶惰，為人處世無法十分讓人信任。從表面上看來，他們有不錯的人際關係，但事實上，卻沒有幾個真正交心的朋友。他們也是一群很孤獨的人。

第八章　職場攻略：微動作的潛規則

✦ 檔案資料散亂型

各種檔案資料這裡放一些，那裡放一些，沒有絲毫規則，而且輕重緩急不分，這樣的上司大多做起事來有頭無尾，總是理不出個頭緒來。他們的注意力常被一些其他的事情分散，因此無法集中在工作上，自然也很難做出優異的成績。他們也想改變自己目前的這種狀況，但是自制能力很差，總是向自我妥協，過後又後悔不已，可緊接著又會找各種理由來安慰自己。

✦ 裡外垃圾堆型

桌子上和抽屜裡都像是垃圾堆，找一樣東西，往往要把所有的東西全部翻遍，到最後可能還是找不到，這樣的上司工作能力差，效率也極低。他們的邏輯思辨能力非常糟糕，大多也缺乏足夠的責任感。

他有「性格」，你有「應對術」

在職場中，你如果想了解上司，可以觀察他的一言一行、思考方式、喜歡什麼、討厭什麼等等。透過對以上各方面的觀察，你就會對上司有所了解，就能從上司的舉手投足、回眸顧盼中知曉其心理。

✦ 對待冷靜的上司

如果遇到冷靜的上司，那麼對於一切工作計畫，你只需要提供意見，不要自作主張；等到計畫擬定後，你只要負責執行即可。至於執行的經過，必須有詳細紀錄，即使是極細微的地方，也不能稍有疏忽。這種一絲不苟的精神、詳細紀錄的報告，正是他所喜歡的。但執行中所遇到的困難，你最好能自行解決。

✦ 對待懦弱的上司

懦弱的人，不會當領袖，即使當領袖，大權也一定不在手中，自有能者在代為指揮。你必須認清代為指揮的人是什麼性情，再想應對的方法。在這種處境下，你必須與實權人物保持良好關係，否則，必難有所發展。你要明白，他既然已經取得代為指揮的地位，前後左右肯定都是他的羽翼，有些是他特地安排的，有些則是中途依附，這些人早已形成勢力網路。

✦ 對待熱情的上司

你如果遇到熱情的上司，當他對你表示好感時，不要完全相信而認為相見恨晚，必須明白他的熱情並不會長久。所以，你必須保持寵辱不驚的狀態，採取不即不離的方式。「不即」可使他熱情上升的態勢和緩，不至於在短時間內便達到頂點，同時延長了彼此親密的時間；「不離」可使他不感到失望。表達你自己的主張或建議，也要用零賣的方法，不要整批發售，如此才能使他對你時時都感到新鮮。

第八章　職場攻略：微動作的潛規則

✦ 對待豪爽的上司

如果你遇到的是豪爽的上司，那真是值得慶幸。只要善用你的能力，表現出過人的工作成績，絕對不必擔心沒有發展的機會。他自己有才氣，所以最愛有才氣的人。唯英雄能識英雄，你是英雄，不怕他不賞識你；唯英雄能用英雄，你是英雄，也不怕他不提拔你。

✦ 對待傲慢的上司

你的上司如果是個傲慢人物，與其向他阿諛諂媚，自汙人格，不如謹守職位。一有機會，你就該表現出你獨特的本領。只要你是個人才，不愁他不對你另眼相看。

✦ 對待陰險的上司

如果你的上司不幸就是這種人的話，你只有兢兢業業，一切唯上司馬首是瞻，傾盡你的力，隱藏你的智。賣力易得其歡心，隱智易使其輕忽你，輕忽你自然就不會提防你，輕忽你自然不會猜忌你。如此一來，或許倒可以相安無事。像這種地方原本就不是好的久居之所，如果希望有所表現的話，勸你還是盡速做遠走高飛的打算。

猜不透上司，再完美也不討好

很多人心思細、有耐心，在工作中追求完美、精益求精。這種態度值得肯定，但是太過完美並不是好事，尤其是面對上司，工作做得太完美，讓上司無話可說並不是聰明之舉。相反地，故意保有一點瑕疵，留給上司指正的空間，更有利於建立融洽的上下級關係。

小珍在一間鋼鐵廠宣傳部門工作。有一天，處長突然叫她整理一個稿子。據知情人士透露，這其實是一次考試，它關係到小珍是否能繼續在公司待下去。本來這樣的資料，對她而言並不困難，但有了無形的壓力，便不得不格外用心。她熬了一個晚上，寫好後反覆推敲，又抄得工工整整。第二天一上班，她就把稿子送到了處長的桌上。

處長當然高興，速度快、字又寫得遒勁、悅目，而且在內容和結構上也沒有什麼可挑剔的。可是，處長越看到後面，臉色越不好看了。最後，他把文稿退回，讓她再認真修改一下，滿臉嚴肅，真叫人不明白什麼地方出了差錯。小珍轉身剛要邁步離開，處長像突然想起了什麼似的說：「對，對，那個『副廠長』的『副』字不能寫成『付』，改過來就行了。」就這麼簡單，處長又恢復了先前高興的樣子，一個勁兒地誇道：「寫得快，不錯。」考試自然過關！

第八章　職場攻略：微動作的潛規則

　　原來，小珍怕自己寫得太好，掩蓋住上司的光芒，故意寫了一個錯別字，把「副廠長」寫成「付廠長」。

　　在工作中要學會像小珍這樣適當地犯一點無傷大雅的小錯誤，不要在上司面前顯得過於完美。比如說，上級派你去辦一件事情，在事情辦完之前，你就不能打包票說一切都沒有問題。即便真的沒有問題，也要向上級說中間有一點點的小問題，遇到了一點小困難等。否則，上級肯定會認為你在吹牛，降低對你的信任度。

　　安德烈耶維奇・法沃爾斯基是蘇聯現代藝術家，曾獲得「蘇聯人民藝術家」的稱號。每當法沃爾斯基為一本書畫完插圖後，他總是在其中一幅畫的角落不倫不類地畫上一隻狗。毫無疑問，美術編輯一定要他把狗去掉，而法沃爾斯基卻堅持己見，非要保留這隻狗。當爭論達到白熱化的程度，法沃爾斯基就做出了讓步，把畫面上的狗塗掉。到這個地步，一般來說，美術編輯的憤怒就會煙消雲散，絕不會再提出什麼挑剔的要求。因為編輯的自尊心得到了滿足，也就心滿意足了。但更滿意的是法沃爾斯基本人，他的巧計成功了——畫將以他所喜歡的形式出版。如果沒有那隻作為誘餌的狗，編輯還不一定要在畫上改什麼呢！

　　論插畫水準，美術編輯一定比不上法沃爾斯基，但畫稿必須得到他的批准才能夠通過。法沃爾斯基的聰明之處就在於，他故意畫蛇添足，讓對方提出意見修改，滿足了對方的自尊

心,他的畫也得以順利通過。

可見,在與上司相處時,即使你有很強的工作能力,也要適當地把自己放得低一點,就等於把上司抬高了許多。當被人抬舉的時候,誰還有放不下的敵意呢?並且,你的這些小錯誤也滿足了上司自尊心。表面上看來,犯錯是不好的,實際上卻為自己搭了一個獲得好印象的梯子。所以,在上司面前,我們不妨恰當地暴露一下自己的缺點,留一點無傷大雅的瑕疵,把優越感留給上司。

捕捉客戶被搞定的種種跡象

雖然業務員的推銷術多數大同小異,但客戶的反應卻各不相同。有經驗的業務員清楚,如果客戶展現出正向、合作、熱情與贊同的肢體語言,交易達成的可能性將會大大增加。

那麼,表示正向的肢體語言都有哪些呢?

◆ 臉部表情積極、熱情

客戶微笑、點頭,嘴角甚至鼻子部位都帶著淺淺的笑意,看起來很熱衷,這說明他購買商品的可能性很大。如果他注視你的眼睛,用專注的目光進行眼神交流,表現出濃厚的興趣,說明交易能夠很順利地進行。如果客戶專注地觀看產品展示或產品樣本,則表示他很可能要下手購買了。

第八章　職場攻略：微動作的潛規則

✦ 身體動作積極

如果客戶坐在椅子的邊緣，上身微微前傾，睜大眼睛，一副渴望仔細聆聽的樣子；而兩隻腳自然下垂，只用腳尖觸地，這說明客戶已經準備簽訂購買合約或願意與業務員合作了。如果他甚至開始搓揉雙手，那麼，可以認定他有點迫不及待了。

假如在談論期間，客戶手部自然伸展，或脫下外套，則說明他願意接受你的看法與建議。如果他此時語氣溫和、愉快，則交易成功的時間指日可待。

✦ 相互模仿

本書之前的章節也提到過，「模仿」是認同的開始。如果你是業務，就需要注意，如果客戶開始不自覺地模仿你的舉止或者手勢，或學習使用產品，則說明你的表現已經吸引到他，引起了他的興趣。模仿的動作，代表他在為購買商品進行必要的學習。

如果客戶出現了上述這些反應，就表示他們願意接受相關產品的解說。這個時候你可以繼續與客戶討論，很快他們就會對產品發表一系列的看法。他們對你鼓勵嘗試產品的建議也不會感覺厭煩，會產生與你進一步合作的意願，並對你釋放一些友好的訊號。當然，如果客戶對產品表現出極其濃厚的興趣，你也應以同樣的熱情回報，使氣氛融洽，並讓客戶確信，自己需要認真思考是否購買這款產品。此時，他們的身體通常會更

靠近你一點,似乎在「上前打聽」。雙方距離拉近,更有利於進行良好的交流。

客戶有疑慮的三大徵兆

對於推銷行動來說,產品已被客戶熟知和信賴,無須經過任何介紹便可直接開始銷售,是相當不錯的開始。但絕大多數情況下,客戶對產品並不了解,甚至抱持懷疑的心態。此時要想增加客戶購買的信心,讓銷售工作更成功,你就要看懂客戶內心表示疑慮的身體動作和說話方式。

✦ **客戶聽得多,說得少**

面對推銷,對方如果只是傾聽,很少回應,則說明他陷入了思考,很可能還沒有做出最後的決定。此時,他考慮最多的應該是商品的功能怎麼樣和價格是否實惠等問題。這時,他需要你細心溫和地反覆解釋。因為任何人在購買東西時,都希望從兩方面得到滿足:一是理性方面,即認為產品的確物超所值,CP值高;一是感情方面,即客戶感到自己受到重視,業務員始終態度真誠。

✦ **客戶舉棋不定的表情和動作**

如果客戶出現下列表情,代表他們可能正舉棋不定,或者

第八章 職場攻略：微動作的潛規則

並沒有明確要購買的意願。

客戶不停地擺弄頭髮，調整身體的姿勢，或者將眼鏡從臉上拿下來不停地擦拭。他們這些類似於暫停的動作，就是為自己提供思考的機會，就像在說：「我需要認真考慮一下。」

客戶呈現出一副沉思、專注的樣子，用一隻手托著下巴，同時輕輕撫摸臉頰，肩膀下垂，這是在思考的表現。

客戶兩眼呆滯，沒有其他動作，或者眼睛望著某處一動也不動，並且眉毛向上皺起，說話吞吞吐吐，這是猶豫不決的表現。

如果客戶提出了一些簡單的問題，但在你答覆的時候，他卻並沒有認真聽，而是迎合地發出「嗯、啊」的聲音，你就不能因他的互動而高興得太早，他很可能是在敷衍你。請你提供一些資料的時候，他或許還沒有認真考慮要購買此產品，因為很多業務的說辭都摻有水分，他可能是想進一步了解情況再說。

如果客戶把玩商品很久，但是左看右看，眉毛總是皺著，這表明客戶很挑剔，對這件產品有所不滿。

◆ 破解客戶的怠惰反應

如果在推銷的時候，客戶開始交叉雙臂，把自己封閉起來，這說明他們有拒絕交易的傾向。此時，他們也許需要一份關於產品的資料，而不是你繼續滔滔不絕。他們在試著重新評估商品的狀態，這時他們往往會轉移話題，過一會再繞到交易上面來。

如果客戶緊閉嘴唇，頻繁地碰觸鼻子和眼睛，那麼，可能是你說了什麼話或者做了什麼事情，讓他們感到不舒服。這是他們想要話語權表態的訊號，他們想告訴你他們需要的產品有什麼特徵，以及內心對這個產品的感覺，並希望得到你的正面回應：「我們公司也有這樣的產品。」

綜上所述，我們可以透過客戶的肢體語言，判斷出他們內心在想什麼。

看不透客戶，活該被拒絕

有時候，儘管作為業務的你做出很多努力，但仍無法打動客戶。他們明確地用負面的訊號告訴你，自己並不感興趣。這時，你就需要暫停發言，伺機而動。

一般來說，如果客戶有如下表現，就說明他已經進入負面狀態。

✦ 眼神游離

如果客戶沒有直視你，反而不斷地掃視四周的物體或者向下看，並時不時將臉轉向一側，似乎在尋找更有趣的東西，這說明他對推銷的產品並不感興趣。如果他目光呆滯，則說明他已經感到厭倦至極，只是可能礙於禮貌不能立刻讓你離開。

第八章　職場攻略：微動作的潛規則

✦ 表現出繁忙的樣子

假如客戶一見到你就說自己很忙，沒有時間，以後有機會一定會考慮相關產品；或者在聽你解說的過程中不斷地看手錶，表現出有急事的樣子，說明他可能是在應付你。

實際上，他很可能並沒有考慮過被推銷的產品，也不想浪費時間聽你的解說。而如果你沒有足夠的耐心引導他購買，交易將很難成交。

✦ 言語表現

如果客戶既不回應，也不提出要求，更沒請你繼續做出任何解釋，而是面無表情地看著你，說明客戶覺得自己受夠了。他心裡在說：「這個聒噪的業務可以立刻走人了。」

✦ 身體的動作

客戶不斷在椅子上挪動，或用腳敲打地板，用手拍打桌子或腿，把玩手頭的物件，都是不耐煩的表現。如果他開始打呵欠，頭和眼皮下垂，四肢無力地癱坐著，這表明他覺得業務的話題簡直無聊透頂，他都要睡著了。即使你硬說下去，也只會增加客戶的不滿。

面對客戶的上述表現，業務可以做出最後一次嘗試，向客戶提出一些問題，鼓勵他們進入推銷過程之中。如果條件允許，可以讓客戶親自操控或接觸產品，以轉變客戶對產品的冷漠態度。如果客戶仍不為所動，你可以嘗試退一步的策略，請

客戶為公司的產品和自己的服務提出意見並評分。如果你讓客戶留下的印象是正面的，或許下一次他想購買相關產品時，就會變成你的客戶。請注意，在這一過程中，一定要保持自信、樂觀且熱情的態度，不應因為遭到拒絕而消極對待客戶。

讓對手成為你的「待宰羔羊」

在談判之中，雙方為了各自公司的商業利益，展開唇槍舌戰。每個人都步步為營，以防有一點閃失。其實，這場唇槍舌戰，更是心理之戰。此時，如果能夠從對方身上的細微之處窺探到其內心的祕密，就可使其成為你的「待宰羔羊」，從而達到事半功倍的效果。

◆ 目光的變化洩漏心機

在談判過程中，雙方首先會從眼神接觸開始。而眼睛因為具有反映人們深層心理的能力，所以能傳達出更多真實的情緒。有經驗的談判者通常都會從見到對手的那一刻到握手達成交易為止，持續關注對方的目光變化。所以，對方的眼神是談判者應該掌握的重要訊號。對方如果眼睛突然睜大，那麼，他可能是想到了什麼關鍵的事情；若是眼神茫然甚至恐懼，說明某個事件讓他處於困難甚至危險的境地，或者是你的提議讓他感到威脅；若是眼神興奮並放鬆，說明他對話題中的提議很感興趣。

第八章　職場攻略：微動作的潛規則

如果對方轉開眼睛，不看你，只是聽你說話，一種可能是他根本不想聽，感到缺乏興趣；另一個可能是他在隱瞞什麼，不想直視你；或者是此人性格怯懦，不敢與人有眼神接觸，缺乏自信。相反地，如果他與你直直對視，且目光凶狠，則說明他想威脅你，想讓你接受他的條件。

如果對方抬起下巴並垂下眼睛，說明他對你持蔑視的態度。若他低垂下巴兩眼向上望，則可能是有求於你。

如果對方不停地眨眼睛，則可能是因為思考活躍，對某事感興趣，或者是因為緊張靦腆而不自覺做出的調整行為。但對方若是眼神飄忽不定，則要當心，他可能是想在談判中對你設下陷阱。

◆ **對方的表情表明心意**

談判的時候，對方的表情是從外在反映出其內在心理變化。一般而言，如果一個人神色緊張、臉部肌肉緊繃、露出不自然的笑容，則表示他可能情緒不安，想要藉由這樣的笑容來調節一下情緒；或者，這些是他因撒謊而使用的掩飾動作。

如果對方一臉笑容地接受意見，表現出「非常滿意」的姿態，並在嘴上說「一定考慮」等，他實際上是在敷衍你，讓你放鬆警惕，然後再出奇招致勝。

如果對方面無表情，說明他內心正思緒奔騰，只是不想被別人窺探而努力克制。而且他的表情越淡漠，說明他內心越不

滿,這樣談判很難繼續進行。

如果對方的表情十分有自信,並且嘴角不由自主地撇動,則是高傲、占據優勢的表現,就像是在對你說:「你沒有其他選擇,只能同意我。」在這種情況下,若同意對方的條件,將十分不利。所以,你可以用凝重的表情回應,挫挫他的銳氣。

談判本質上就是一場有攻略可循的遊戲,只要能夠真正洞悉人性,並掌握一定的談判技巧,達成合作實在是再簡單不過的事情。

不同的對手,不同的對策

有人戲稱談判是一場頑強的性格之戰。因為在談判中要接觸的對手可能千差萬別,無論一個人經驗多麼豐富,也很難做到萬無一失。因此,對各種不同的談判對象,可以視其性格的差異而採取不同的策略。

◆ 強硬的對手

強硬型的談判對手情緒表現得十分激烈、態度強硬。他們在談判中趾高氣揚,不習慣也沒耐心聽對方的解釋,總是按照自己的思路進行,認為自己提出的條件已經夠好了。儘管這種一廂情願的主觀認知十分愚蠢可笑,但是他們仍然樂此不疲。

第八章　職場攻略：微動作的潛規則

強硬派總是咄咄逼人、不肯示弱。有的也許什麼也不說，有的乾脆一口回絕，絕無周旋的餘地。強硬派之所以如此「硬」，有一點原因不可否認，那就是他們擁有優勢。

如果遇到這樣的談判對手，你最好做好各種心理準備，準備應付各種尷尬場面，並以耐心為基礎，理直氣壯地提出你的理由。

✦ 坦率的對手

這種人能直接向對方表示出真摯、熱烈的情緒。他們會十分有自信地步入談判大廳，不斷地發表見解。他們總是興致勃勃地進行談判，樂於以這種態度取得經濟利益。在磋商階段，他們能迅速把談判引向實質階段。他們十分讚賞那些精於討價還價、為取得經濟利益而施展手段的人。

他們自己就很精於使用策略去謀得利益，並且希望別人也具有這種才能。他們對大規模交易有十足的興趣。

與他們打交道的最好辦法，是在談判之前探查底細，並在談判中率先闡明自己的立場，提出對方沒想到的細節。

✦ 攻擊性強的對手

遇到攻擊型的談判對手，最好避其鋒芒，**擊其要害**。攻擊型有別於強硬型。強硬型的談判對手有時僅僅採取防禦姿態堅持自己的原則立場，而攻擊型的對手卻是有目的、有針對性地向你進攻，迫使你屈服，不給你反抗的餘地。

攻擊型的對手往往能尋找到一些理由加以攻擊，並不是無中生有。因此，面對攻擊型的對手，如何應付就是個難題。

對付這類人，當事人必須注意的一點就是：切勿**驚慌**，**驚慌**往往自亂陣腳；也不要過於憤怒，過於憤怒會沒有分寸。

◆ 搭檔型的對手

搭檔型的談判對手最令人防不勝防。

搭檔型對手的表現是：談判開始時，只派一些低階人員作為主導人；等到談判進入快要達成協議的階段時，真正的主導人突然插進來，表示剛才的己方人員無權做主。

當你顯得失望或覺得一切都完了的時候，對方會說：「如果你確實急需，我也可以賣給你，但至少在價格上要做些調整⋯⋯」你此時往往無可奈何。因為談判進行到這個時候，你的底牌已完全攤開，對方已掌握你談判的一切祕密。如果你想達成協議，除了做出讓步外別無他法。

當然，談判必須在有準備的情況下進行。談判之初，你必須了解對手是否有權在協議書上簽字，如果他表示決定權在上司那裡，你應堅決拒絕談判。還有，既然對手派下屬與你談判，你也不妨讓下屬去談判或由別人代替你去談判。待草簽協議之後，你再直接與對方掌權人談判。如此一來，你不至於在關鍵時刻被別人牽著鼻子走。

第八章 職場攻略:微動作的潛規則

第九章　男女心機：
性別溝通的心理策略

第九章　男女心機：性別溝通的心理策略

小細節透露出女人的戒心

英國皇室在公開場合的行為舉止總是最受人關注。大多數時候，安妮公主會手捧花束；伊莉莎白女王與安妮類似，也會在手上拿點什麼，可能是花束，也可能是一個手提包。相對而言，男性皇室成員就很少用手拿著什麼東西。

這是肢體語言學家亞倫・皮斯提到過的一個情境：英國貴族女性出席公開場合時都會隨手帶點什麼。實際上，女人隨身帶一個手提包在現代已經是司空見慣的現象。就像大多數人都有手機症候群——離開了手機就寸步難行，女人們也有手提包症候群。如果哪天出門忘記帶包包（通常不會發生這種情況），她們會相當煩躁，並且坐立不安。

雖然手提包的實用性是女性使用它的重要原因，但我們也不能忽略女性的心理因素。喜愛帶包包往往是女性戒心的展現，她們希望透過握著一些東西來放置雙手，從而穩定不安的內心世界。就像上文中提到的英國女王，她在公開場合露面時，並不需要手提包來放化妝品或者其他雜物，這些東西自然有隨從為她準備。但是女王還是不能放下這個手提包，因為離開了它，她就不知道手要怎麼放了。

那麼，為什麼女性的戒心比男性強呢？造成這一現象的原因很複雜，生理決定論認為女性的生理結構造成了她的自我保

小細節透露出女人的戒心

護欲望更強。與男性相比，女性在高度、健壯度方面都處於弱勢，因此，她們的力量、速度等能力通常也比不上男性。而對於早期的人類來說，這些能力往往決定了一個人的生存能力。所以女性會更細心地觀察周遭環境，以便更早發現危險。這樣的心理一直延續下來，造就了女性的戒備心理。

事實上，現今女性仍然是弱勢群體，很多暴力傷害案例的受害者都是女性。在這種環境下，弱者自然而然會有比較強的戒心。

此外，女性對個人空間的要求比男性更高。而且，她們很懂得利用一些手邊的小物件來限制個人空間，這樣的動作就是表明：「我戒備森嚴，你不要想靠近。」

大多數情況下，女性會利用手邊的各種物件來劃出自己的個人空間，比如用雙手握住茶杯。想要端起茶杯，顯然只需要一隻手就足夠了。可是，如果你用兩隻手捧著茶杯，雙臂也就很自然地在胸前形成了一道屏障，將那些讓你感到不安全的人或物全都阻擋於雙臂之外。這樣的方式既簡單又最不易察覺。這種自我保護的肢體動作很普遍，幾乎所有人都曾經用到過，只不過很少會有人意識到此舉的真正目的。拿手提包或者雙手握花也表達了相同的意思。女性在做這些動作時既獲得內心的安定感，又向對方傳達了不要靠近的含義。

第九章　男女心機：性別溝通的心理策略

由動作判斷女孩的心理

情人間的約會是浪漫甜蜜的。約會不一定需要燭光晚餐、花前月下，更重要的是兩個人心心相印、情投意合。

你和戀人在週末的夜晚坐在環境雅致、音樂舒緩、富有浪漫氣息的咖啡廳裡，此時，對面女友的動作將透露出她心底的某些訊息。

如果在你們的交談中，女友不停地更換腳的姿勢，說明她此時正心浮氣躁、寂寞難耐，心中有情緒需要宣洩。

如果她用手擺弄頭髮，那麼有兩種情況：如果她輕輕地撫摸頭髮，那麼她其實很渴望你用溫柔的言語撫慰自己；如果她用力地撥弄頭髮，這是她覺得受到壓抑或對某事感到後悔的表現。

如果你的女友總是在拉扯自己的裙子，很在意裙子的長短和覆蓋範圍，這是她自我防衛心理的展現。她能夠想像自己衣冠不整的模樣，所以嚴陣以待。

如果你的女友正含情脈脈地注視著你，那麼她對妳的愛一定很深刻。她很用心地聽你講話，眼神和你交會時也不會岔開視線，這一切都說明她正全心全意地愛著你。

如果她總是在用手撫摸自己的臉頰，那麼她可能想要掩飾自己的感情或不願洩漏自己的真實想法。你們相處的時間一定

不長,或許還沒進行表白。

托著臉頰聽你講話,是渴望被認同、被了解的表現。其實她並沒有在認真聽你講話,而是在對你的遲鈍和不解風情做無聲的抗議。

如果女友用一隻手捂著嘴巴,靜靜地聽你暢談,那麼,她可能正在控制自己按捺不住的喜悅之情。她太喜歡你了,所以正在盡力掩飾自己內心的激動,認定你就是她的白馬王子。

如果她常用手摸鼻子、臉頰或耳朵,那麼,她可能有些緊張,力圖掩飾自己,害怕洩漏自己的祕密。她正處於戀愛初期,戀愛使她更加意識到自身的價值;另一方面,她也想讓自己不要臉頰泛紅或不由自主地含情脈脈,以免讓你以為她已經非你不嫁。

愛意表達五部曲

正所謂「同性相斥,異性相吸」,當兩個異性互相接近時,其身體會發生一系列的生理變化。一般情況下,在遇到異性時,雙方身體血液的流速會加快,臉和脖子會發熱,臉部和眼部周圍水腫的肌肉會大大減少,身體的很多肌肉也會凸起和繃緊,整個人顯得精神抖擻、神采奕奕。如果是一位大腹便便的男士,那麼他的肚子會自動收縮,挺起胸膛,並盡可能地露出

第九章　男女心機：性別溝通的心理策略

更多腹肌，以顯示自己的男子漢氣概，吸引異性的目光；如果是一位女士，那麼她會不由自主地挺起自己的胸部，同時提起自己的臀部，以展示自己的女性魅力，吸引異性的注意力。

如果你想觀察這些變化，一般來說，海灘或游泳池是最佳場所。因為在這些地方人們普遍都會穿得很少，這十分有利於觀察他們身體肌肉的變化，以及抬頭、挺胸、縮小腹等動作。正常情況下，當一個男士和一個女士面對面逐漸靠近時，上述這些生理變化就會漸漸展現出來。而當他們擦肩而過之後，雙方的身體就會迅速恢復到各自原來的狀態。

人類學家透過研究發現，人類的求愛過程大致可以分為五個階段。一般來說，當一個人遇見自己心儀的對象時，都會經歷這五個階段。

✦ 第一階段

當一位女士在某個場合中發現令自己心動的男士後，會做出一些動作來吸引對方注意自己。一般來說，她會尋找機會和他對視五秒鐘左右，然後迅速把頭扭向一邊，期待該男士發現自己在注意他。當該男士發現這位女士在注意自己後，會不停地張望著對方，直到她再一次注視著他。通常，女性如果想讓自己心儀的男士了解自己的心思，需要和男性這樣對視三次。當然，有時候，這種互相凝視的過程需要重複三次以上。這是男女調情的第一步。

◆ 第二階段

當一位女士和自己心儀的男士進行眼神交流之後,她會向他報以一個或是數個快速的微笑。這是一種並不完整的微笑,其目的是為了向他開「綠燈」,暗示他可以上前與她攀談,以便雙方進一步了解對方。令人遺憾的是,很多男士並不懂得女士向他們微笑的真實含義,所以往往不會對這一訊號做出回應。這就會使很多女性認為對方對自己並沒有好感及興趣。

◆ 第三階段

如果這位女士是坐著的,就會坐得筆直,頭微微上揚,以突出自己的胸部,同時把雙手或是雙腿交叉,從而增添自己的女性魅力;如果她是站立著,就會將雙腿緊緊靠在一起,翹起自己的臀部,腦袋稍微向一邊肩膀傾斜,露出脖子。她會玩弄自己的頭髮長達六秒鐘──就好像是在為自己中意的男人梳妝打扮。此外,她還可能做出舔嘴唇、摸頭髮、把玩首飾等動作。男士則會站得筆直,挺胸收腹。當然,他也可能會做出整理衣服、撫摸頭髮,以及把大拇指塞進褲子口袋裡等動作。他們雙方都會把腳和整個身體朝向對方。

◆ 第四階段

完成上述步驟後,男士就會大膽、主動地向女士走去,以便雙方進一步交談。一般來說,他會使用這些老掉牙的開場白:「妳真漂亮」;「我一定在什麼地方見過妳」;「妳真像我的一個朋友。」

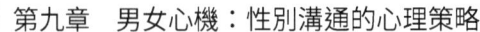

第九章　男女心機：性別溝通的心理策略

◆ 第五階段

當她和他交流後，如果很欣賞對方，她就會尋找一些機會來輕輕觸碰對方：可能是「不小心」碰到，也可能是其他情況。無論是哪種情況，最終目的是向對方示愛。一般來說，相較於觸碰對方的手，觸碰對方的肩則又更進了一步。通常，每個階段的觸碰都會重複幾下，從而確定對方是否注意到或是喜歡這樣，也讓對方知道這樣的「觸碰」不是偶然的，而是自己刻意為之。輕拂或者觸碰男性的肩膀，會讓他覺得對方在關心他的健康和外表。握手則是進入觸碰階段的便捷方法。表面看來，這五個求愛階段有點無足輕重，甚至帶有不少偶然成分，但它們在每一段新的戀情中發揮非常重要的作用。有趣的是，這也是大多數人，尤其是男性感到困惑的階段。

女孩暗送秋波的小動作

女性表達「性趣」的方式有很多種，例如整理頭髮、弄平衣服、單手或是雙手放在臀部上方、把腳或身體朝向中意的男性、深情且較長時間地凝視對方、增加和對方的眼神交流。偶爾，一些女性還會使用「拇指插進腰帶」的姿勢。雖然這是男性經常使用的極富「侵略性」姿勢，但使用這一姿勢的女性將其表現得非常含蓄、委婉。

與男性一樣,當女性感到興奮時瞳孔也會放大,此外,女性還會臉頰發紅、身體顫抖。生理學家研究發現,女性最具魅力的時候是她們前後兩次月經期的中間時期,這也是她們最容易受孕的時期。在這個時期,她們更喜歡穿短裙、高跟鞋,更喜歡在走路、談話或跳舞的時候,做出一些具有挑逗性的動作,並使用下列求愛姿勢來吸引異性。

◆ 甩頭和輕拂頭髮

這是很多女性在面對自己喜歡的男性時,使用頻率最高的姿勢之一。一般來說,她們會這樣做:先是輕輕擺動幾下頭部,然後用力一甩,把頭髮從肩膀上或臉上甩到後面去。有趣的是,很多短髮女士在面對自己喜愛的男士時,也會不由自主地做出這一動作。女士們做這一動作的意圖非常明顯——一方面顯示出很在意自己在男性心目中的形象,另一方面是為了吸引對方注意自己。

◆ 微張的溼潤嘴唇

在青春期,男孩的臉部骨骼結構會發生巨大的變化。與之相反,女孩的骨骼結構變化不會太大,基本上會保持她們的娃娃臉,同時擁有更多的皮下脂肪。這就使成年女性的臉看起來比男性更加飽滿,尤其是唇部。因此,較大較厚的嘴唇成了女性魅力的象徵,因為這樣的嘴唇會讓她們比那些嘴唇較小較薄的女性顯得更加性感和迷人。

第九章　男女心機：性別溝通的心理策略

一些女性把膠原蛋白注入嘴唇，正是為了使之變得更加飽滿，以突顯自己的性感和迷人魅力，以獲得男性的青睞。而女性有意識地微張較大、較厚的溼潤嘴唇，特別能增加她們的性感和嫵媚。一般來說，女性可以使用化妝品來使自己的嘴唇更為溼潤，從而使自己看起來更加性感和迷人。當男性看到這樣的女性時，心中的第一個想法就是——對這樣的女性充滿性欲望。

◆ 自我撫摸

通常，一個人內心的想法會令其不由自主地做出某些動作來。一般來說，女性在受到他人撫摸時所能感受到的神經刺激比男性多得多，因而她們對於撫摸就更為敏感。

一般情況下，當一位女士對某位男士很感興趣時，往往就會不由自主地在這位男士面前緩慢而帶有挑逗性地撫摸自己的大腿、脖子或是頸部。這就代表著，如果這位男士在她面前表現得非常好的話，就有可能像她撫摸自己一樣撫摸她。

◆ 擺弄圓柱形的物品

在手中擺弄香菸、酒杯的杯腳，或是玩弄自己的手指，都可能會暴露一個人內心正在想什麼。當一位女士對某位男士做出上述動作時，她很可能是在向對方暗示自己的性心理。一般來說，當男士看見女士此種動作後，如果他對這位女士也感興趣的話，就可能會撫摸他的打火機、汽車鑰匙或者是其他物品，來象徵他對她的占有欲。

✦ 露出自己的手腕

一般情況下,當一個女士對某位男士很感興趣時,就會在不知不覺中向對方露出自己手腕上光滑、柔軟的部位。隨著興趣越來越濃厚,她向對方露出手腕的頻率也會增加。女性之所以會主動向男性展示自己的腕部,是因為女性的手腕一直被認為是最性感、最具挑逗含意的部位之一。雖然,我們目前仍不知道女性向男性展露手腕這一動作是她們天生就會,還是後天習得,但可以肯定的是,她們幾乎都是在無意間做出這一動作的。

對於那些抽菸的女性來說,做這一動作非常簡單、方便,她們僅需在抽菸的時候把夾菸的那隻手舉起來即可。這樣既能突顯她們的女性特徵,也能讓她們顯得更為優雅,從而吸引異性對她們的注意。不少男同性戀者常常會模仿女性這種動作,以便讓自己顯得更具女性特徵。

有些女性還會在手腕的內側噴上香水,因為她們認為,脈搏的跳動能夠讓香水的香味散發得更遠,從而讓更多男性注意到自己。實際上,這種做法往往僅能讓男性注意到她們手腕的內側部位。

✦ 有意提起肩膀

很多時候,女性在面對男性,尤其是面對自己感興趣的男性時,會故意將自己的肩膀提起,同時將眼瞼半閉,凝視對方

第九章　男女心機：性別溝通的心理策略

片刻。一旦發現對方注意到自己在觀察他，她就會迅速將目光移開。

✦ 扭動臀部

女性走路時，常常會扭來扭去，以突顯自己的臀部，從而吸引男性的目光。扭動臀部在服務業中已經流行了數百年。那些極富商業頭腦的人讓女模特兒在廣告中做出扭臀的動作，讓觀眾在觀看女模特兒的同時，記住其產品。

✦ 把手提包放在離他較近的位置

研究顯示，大多數男性不會輕易觸碰女性的手提包，更不用說打開了。因為在他們看來，女性的手提包是她們的私人物品。如果一位女士把自己的手提包放在離某位男士比較近的地方，這往往是她主動向對方求愛的訊號。

如果她對對方極有興趣的話，可能會慢慢地擺動或者撫摸自己的手提包，也可能會叫他幫自己把包包遞過來，或者是叫他幫自己從包包裡拿一些東西出來。如果她直接把包包放在男士的身邊，讓他看得見，也搆得著，這是一種非常強烈、直接的求愛訊號，表示自己對對方有濃厚的興趣，這也就是我們常說的「一見鍾情」。

✦ 把膝蓋朝著對方

把一隻腳收起，壓在另一隻腳下，並把收起的那隻腳的膝

蓋朝向最吸引自己的人。這是一種較為放鬆的姿勢，深受很多女性的青睞。它不僅能讓女性在和異性交談時感到隨意自然，還能夠讓她們有機會向自己喜愛的男性一閃而過地露出自己的大腿。

✦ 用腳擺動自己的鞋子

很多時候，我們可以看到某些女性對著男性用自己一隻腳的末端來回晃動鞋子，或是不停把腳伸進伸出鞋子。乍看之下，這兩種動作很隨意自然，也沒有什麼特別的地方，其實並非如此。用腳擺動鞋子這種動作，也是女性的一種求愛姿勢。尤其是不停把腳伸進伸出鞋子這個動作，帶有極強的性暗示含意，它往往會讓不少男性在那裡「浮想聯翩」。

✦ 交叉雙腿

男性經常使用雙腿交叉的姿勢，以顯示自己的男子漢氣概。有時候，一些女性也會採用此種坐姿。她們之所以會採用此種姿勢，不是為了顯示自己好鬥，而是試圖把男性的注意力吸引到她們的腿部。因為把一隻腳緊壓在另一隻腳上會使腿部肌肉看起來更結實，而這正好是性愛之前身體所呈現的狀態。

第九章　男女心機：性別溝通的心理策略

領帶展現男人心

領帶的作用類似於女人的絲巾，但男人的行事原則和人品秉性卻可以完完全全地展現在領帶花紋及打法上。仔細觀察周遭的男士，便會發現一些蛛絲馬跡。

領帶中最常見的要數條紋領帶。喜歡繫條紋領帶的男人通常性格謹慎而保守，希望讓人留下成熟、穩重、有能力的印象。剛剛步入社會的年輕人也常常違背自己的喜好，選擇這種樸素大方的條紋領帶，讓自己看起來很可靠。

另一種常見的領帶樣式就是圓點花紋。繫這種領帶的男人通常是很好相處的好好先生，性格溫和，但有時稍顯懦弱。特別是做決定的時候，他們常常優柔寡斷、缺乏主見。

也有一些男人繫著顏色花哨的領帶，例如粉色系或紅色系的。他們很注重自己的風度和形象，希望自己顯得很有魅力和吸引力。他們選擇的領帶不但顏色鮮豔，而且通常有特別的圖案，例如動物、地圖等，看起來十分亮眼。他們希望透過領帶來表現自己的品味與眾不同。有些經理、總經理會刻意選擇別緻的領帶，讓自己有別於普通的員工。

除了領帶的花紋，從領帶與襯衫的不同搭配方式，也能看出一個人的性格。不同顏色搭配給予人不同的視覺效果，也正是一個人希望呈現給別人的形象。

深藍色領帶搭配白色襯衫的男人事業心強。「藍領」代表工人階層,「白領」代表管理階層,他們將兩者融合到一起,上下兼顧,少年老成,同時不乏翩翩風度;他們十分在意薪資,事業心極強,因此在奮鬥過程中常常出現急功近利的表現。

多色領帶搭配淺藍色襯衫的男人不夠專一。五彩繽紛是人們對美好事物的形容,充滿了迷離和誘惑,普通人和勤奮的人往往對此敬而遠之。所以,選擇這種領帶和襯衫的人擁有一股市井氣息,熱衷於名利。路邊的野花繁多美麗,常常使他們心猿意馬。見異思遷的他們對愛情往往不能專一,追逐的目標總是一個換過一個。

黑色領帶搭配白色襯衫的男人黑白分明。黑白分明是對於閱歷豐富之人的形容,所以喜歡這種打扮的人多為穩健老成之士。由於看得多,感悟也多,他們懂得什麼是人生的追求。另外,他們還善於明辨是非,相信「善有善報,惡有惡報」,正義在他們身上得到最大的展現。

黑色領帶搭配灰色襯衫的男人內心憂鬱。不用看他們的表情如何,僅這身打扮就讓人有種不舒暢的感覺。這種人通常都相當憂鬱,而這份憂鬱是氣量狹小所致。他們選擇這身打扮,正是為了掩蓋這個缺點。

紅色領帶搭配白色襯衫的男人熱情開朗。紅色象徵火焰,代表奔放的熱情,所以男人選擇紅色領帶,就像追逐太陽的光

第九章　男女心機：性別溝通的心理策略

輝，希望自己成為萬眾關注的焦點。他們本應該屬於充滿野心的類型，但白色代表純潔，是和平與祥和的象徵，白色襯衫讓別人對他們刮目相看，見到他們如火一樣的熱情和純潔的心靈。

先觸碰妳的物品，再牽妳的手

有時候，妳和某個男生已經互相有好感，甚至已經開始約會，兩人也聊得很開心，但他卻遲遲沒有牽妳的手。這時候女生們都會很困惑：他是真的喜歡我嗎？他是因為害羞而遲遲不敢行動嗎？遇到這種情況，不妨先仔細觀察一下你們在一起時他的各種小動作，例如他是不是經常把玩妳隨身攜帶的包包、手機、吊飾等等。如果他經常觸碰妳的隨身物品，那麼在潛意識裡他非常想牽妳的手，只是暫時還沒有行動罷了。

之所以要觀察他對妳隨身物品的態度，是因為一個人隨身攜帶的東西雖然不是自己身體的一部分，卻扮演著「肢體延伸物」的角色。當他想要觸碰妳，卻不好意思或者覺得太唐突，就會先試著觸碰妳的隨身物品作為過渡，相當於間接地接觸妳的身體。同時也是在試探妳的反應，如果妳給他機會，他才敢大大方方地牽起妳的手。

同時，從他觸碰的物品種類，可以看出他對妳有好感的程度。

在有好感的初期,他會觸碰妳的「非直接貼身」私人物品,例如手機、手提包等。觸碰這些物品,相當於和妳接觸的入門儀式,藉由觀察妳的手機和手提包來製造話題,拉近距離。

如果他進一步研究妳的手錶、項鍊、耳環等這些與身體直接接觸的物品,則表示他非常喜歡妳。他透過接觸這些隨身配飾來觸碰妳的身體,進一步試探妳的反應。如果妳不反感,那就等於告訴他「牽我的手吧」,他便會大膽行動了。

◆ 喜歡妳的男人,不會一直凝視妳

戀人之間深情對望的場面相信大家都見過,然而長時間的凝視並不一定是愛的表現。相反地,真正喜歡妳的男人,不會一直盯著妳看。當妳說話時,他會忍不住看看妳,但是過不了幾秒鐘就會把視線移開,過了一下子又會再次把視線投向妳的臉。

回想一下自己初戀時的經歷就會發現,想看又不敢看,是男性和女性共有的天性。趁對方不注意的時候偷偷看幾眼,但又害怕被對方發現,所以幾秒鐘之後就會把視線移開,裝作沒事的樣子,可過一下子又忍不住再看幾眼。如果一不小心正好和對方四目相交,更是驚慌失措,如果是害羞的人,可能臉頰馬上就紅成一片。而如果是對妳沒什麼感覺的人,則不會有這種害羞的反應。總之,越是心中喜歡的人,越不敢長時間地凝視,總是想看又不敢看,眼神會在對方的臉和旁邊的景物之間來回移動。

同樣地,如果在談話時,妳發現他無法一直凝視妳,總是

第九章　男女心機：性別溝通的心理策略

過不了多久就移開，假裝看窗外的景物，做出一副思考的樣子——當然，他也有可能是故意在耍帥裝酷——這表明他對妳非常有興趣，只是很害羞。

如果妳還是不確定他對妳的態度，不妨趁機做個實驗。當他看妳的時候，妳也把目光投向他，看他是不是會立刻移開視線。之後，妳再假裝看別的地方，用餘光留意他的眼神。如果他再次把目光投向妳，那麼就可以確定，他內心對妳的好感程度已經接近「爆表」的程度。

遠離初次約會就擁抱妳的男人

第一次約會之後，女性最想知道的事情恐怕就是：「他對我的印象如何？還會約我出來嗎？」由於不知道對方的態度，女性常常忐忑不安地等待，如果對方並沒有繼續接觸的想法，豈不是一廂情願、浪費時間。其實，從他在約會中的小動作，便可以知道他對妳的好感程度，進而預測他會不會繼續約妳。

如果約會時，他會不經意地幫妳撥撥頭髮，耐心地幫妳把被風吹亂的頭髮重新理順，說明在他心裡已經把妳當成很親密的人了，潛意識裡希望看到妳頭髮整齊的樣子。這和許多靈長類動物互相「梳毛」的動作非常相似——猩猩和猴子會用手耐心地為對方梳理毛髮，以表達關心和愛護之意。無論是幫妳理

順頭髮還是整理捲起來的衣角之類的動作，都是自然流露的疼愛表現。

如果他更進一步，撫摸妳的臉頰，則是更親密的表現方式。通常我們只有對非常親密的家人、戀人或者小孩子，才會撫摸對方的臉頰，這是非常憐愛和親密的表現。如果他在幫妳撥頭髮的同時，順手輕觸妳的臉頰，表明他內心對妳已經產生了明顯的憐愛之情，想要親近妳、愛護妳。雖然可能只是一個順手小動作，卻比他說上十句「妳真美」更能表露心意。

再看約會結束時他的動作。即使是第一次約會，雙方通常也要有禮貌地握手，就算是害羞的男生，握一下手也不過分。如果連禮節性的握手都沒有，那麼這個男人不是不懂禮貌，就是真的對妳沒有興趣，再次約會的機率幾乎為零。如果他想要再約妳，握手之後還會趁機用手碰碰妳的手臂，稍微大膽一點的男性，可能還會拍拍妳的肩膀或者輕輕摟抱一下。如果僅僅是禮貌性地握手，那麼下一次再見面的可能性也很小。

有的男性即使是第一次約會也會擁抱妳，看起來非常熱情。這類男性多半是情場老手、閱人無數。他也很可能再約妳出去，但並不一定是想認真和妳交往。對於這樣的男人最好遠離，以免自己受傷。

第九章　男女心機：性別溝通的心理策略

菸不離手的男人，只把妳當普通朋友

雖然一直在提倡戒菸，但是如今吸菸的男人仍然占大多數，不論是社交需求還是釋放壓力，香菸已經是大多數男人離不開的必需品。女性通常對男性吸菸非常反感，一來是討厭嗆人的菸味，二來是不想受「二手菸」之苦，因此，有涵養的男性在女性面前總會稍微克制一下，尤其是在自己心愛的女性面前，會盡量不抽菸。如果妳想要了解他有多愛妳，不妨看看約會當中他抽菸的次數，除非妳自己也是「癮君子」，否則那些和妳約會還菸不離手的男人，多半只是把妳當成普通朋友。

如果他平時菸不離手，但和妳在一起時總是能夠克制自己盡量不吸菸，這說明妳在他心中占據了很大的分量，妳對他的吸引力足以讓他暫時忘記吞雲吐霧的快樂，或者令他願意為了妳一直忍著不抽菸。

相反地，如果約會過程中，他仍然忍不住時不時找機會避開妳抽一根，甚至只要是在戶外活動的情況下就盡情地吞雲吐霧，這說明他雖然尊重妳的感受，但內心重視妳的程度仍然不如重視尼古丁的程度。

如果妳的約會對象剛好有吸菸的習慣，而妳又想立刻了解他對妳的重視程度，不妨在約會的過程中故意製造一些讓他單獨行動的機會，看他是立刻開始享受尼古丁，還是想要一直和妳待在一起。

喜歡談「性」，不代表好色

　　如果你的談話對象常常在公共場合說些髒話、痞話，並且毫無顧忌地和你討論有關性的話題，相信你一定有些不適應，會在心裡替他扣上「色狼」的帽子。其實他只不過是藉粗魯低俗的言辭來掩飾自己在性方面的自卑感，他如此「性」致勃勃，並不代表他一定好色。相反地，有的人一涉及性的話題，便像被踩了尾巴似的，表現出極端討厭的情緒，反倒可能對性異常關注。

　　如果妳是位女性，妳的男友總喜歡和妳談「性」，別把他當成色狼。事實上，他有時只是在試探妳。即使他嘴上說著「要求貞潔已經過時」之類的話，也多半不是出自真心。而且可以這樣說，越是強調這句話的男人，其內心越強烈期望對方是貞潔的。如果妳相信了他說的「我不在乎，妳告訴我吧」，而講了出來，妳的往事就會被他牢記心中。儘管表面上他會裝得若無其事，但其實只是一種假裝矯飾的姿態而已。

　　自古以來，人們都認為女人婚前保持貞潔是理所當然的事。近年來，已經很少人強調這種觀點了。然而大多數男性口裡雖然不說出來，但是對女性的要求仍然相當保守。有時候表面上越是故意裝得平靜，越是難以忘懷對方的過去。有人很可能會認為這是男人不希望女朋友心存往事的表現，很可能認為這個男人很大度、富有男子漢氣概。但從心理學上來看，這樣做卻

第九章　男女心機：性別溝通的心理策略

是出自男人對女人的不信任感。其實這種男人和那些嫉妒心強以及占有欲重的人毫無二致。只是他的不安感是來自害怕女人結婚後會移情別戀，或是擔心對方是個水性楊花、經不起誘惑的女人。因此，喜歡和妳談「性」的男人，有時往往更注重傳統的貞操觀念。

受過教育的人，往往羞於公開談論性的相關話題，於是便在下意識中，將話題轉移到別的東西上面。曾經有一段時間，男性青年的話題都離不了汽車：汽車的能量、行車距離、速度、馬力等。美國的《身體座談雜誌》針對這種現象做了以下的解讀：「或許你並不相信，事實上男孩子談論汽車的事，是在暗示他們性器官的大小和能力。因為在女孩子面前不宜談論這種話題，才轉而藉由談論汽車來加以表現。因此，妳只要裝出洗耳恭聽的樣子，就能滿足他們的自尊心了。」汽車與性相連，絕對不是荒誕無稽的。

然而，女性在談論這方面事情的時候，往往用羅曼史作為包裝紙。把這些事情用包裝紙包起來，她們就敢放心地高談闊論了，而且她們還可以發誓說，她們只是談談羅曼史而已，與性絕對扯不上關係。但你可以斷定那些滿嘴浪漫的女性對性並不滿足，而且在不知不覺中已經表現出她們在性方面的欲望。

在公司裡，有些很引人注目的女性，經常受到男同事的邀請，於是就會引起其他女同事的妒忌和不滿，招來各種流言蜚語：「哼，瞧她那個德行！臭美！」、「嘿，人家就有那個福

分！」、「瞧，那麼多男人對她巴結奉承，可真叫人懷疑……」

她們散布種種流言，使他人的名聲一落千丈。這樣說的目的，無非是想告訴別人：「我們雖然也已經成熟，但是我們不會像她那樣輕浮。」她們自恃貞節，實際上，這種女性的所謂貞節並不可靠。她們熱衷於談論猜疑某人的「作風」問題，就足以表明她們對這種生活的嚮往。她們自認為貞潔，並以此作為自己的美德，不過是自欺欺人罷了。儘管她們口口聲聲地說「貞節是女性的美德」、「××作風輕浮」，心中卻在說：「我真想讓男性誘惑一回。」

約會遲到，看他是否真的愛妳

女孩子「測試」戀人對自己的態度最常用的伎倆就是約會遲到。透過男孩等待的神態、姿勢和動作，她們就可以看出男孩對愛情的態度。

妳可以在與他進行某次約會時故意遲到一下子，躲在一旁觀看他等妳時的表現。具體來說，如果他提前很久（20分鐘左右）在你們約好的地點等妳，到約定的時間後，卻沒看見妳的蹤影，此時，他臉上露出了焦急、不安的神情，並在那裡不停走來走去，那麼，他內心可能很焦慮、擔心，極有可能會猜測妳或許遇到了什麼緊急事件，或是出了什麼意外。但是，隨著妳的出

第九章　男女心機：性別溝通的心理策略

現，他臉上不安的神情頓時消失得無影無蹤，這就說明，他很在乎妳。能交到這樣的男朋友，妳是非常幸福的，應該好好珍惜他。

如果他在你們約定的時間準時到達了約會地點，發現妳沒有到達，於是把手臂交叉抱於胸前，此時，他極有可能這樣想：「我今天就來看看妳什麼時候才到，真是討厭，居然還要我等！」當妳出現後，他要麼對妳大發牢騷，要麼橫眉冷對，這就表明，他在和妳賭氣。在他內心深處，極有可能有要掌控妳的想法，但礙於此前關係，又不好明說。當然，他有這種想法並不代表著他不愛妳，但可以肯定地說，他最愛的不是妳，而是他自己。

如果他在等妳的過程中，用一隻手緊握另一隻手，則說明他在努力控制自己的情緒。雖然他此時心裡可能是火冒三丈，但絕不會將怒火燒到妳身上。一旦妳出現後，他心中的怒火便會悄然熄滅。因為在他心中，妳是最值得他好好珍惜的人，體諒妳是天經地義的事。

如果他在等妳的時候，把手插在自己的口袋之中，並在那裡悠閒地走來走去，則說明他此刻正在享受等妳的感覺，他相信妳不會遲到太久。他雖然是一個守時並討厭別人遲到的人，但出於對妳的愛，他會為妳開「綠燈」。所以，面對姍姍來遲的妳，他依然會笑臉相迎。

如果他在等妳的時候緊閉著嘴,滿臉怒色,並且緊緊抱住手臂,這是強硬表示拒絕的姿勢。不管妳如何解釋,他依然滿臉怒色,對妳不理不睬。這種情況下,妳最為明智的做法是盡快結束和他的這次約會。

　　當然,以上情況並不是判定一個男孩對某位女孩是否真心的「金科玉律」。在某些男孩身上,雖然可能出現了上述某些動作、神情,但這並不代表著他一定很喜歡或是討厭與妳約會。

國家圖書館出版品預行編目資料

非語言真相，用觀察力解讀人心：捕捉情緒、看透意圖、識破謊言……掌握肢體語言，打造高情商的人際交往術 / 趙一 著 . -- 第一版 . -- 臺北市：樂律文化事業有限公司 , 2025.01
面； 公分
POD 版
ISBN 978-626-7644-27-0(平裝)
1.CST: 傳播心理學 2.CST: 人際關係
177.1　　113020619

電子書購買

爽讀 APP

非語言真相，用觀察力解讀人心：捕捉情緒、看透意圖、識破謊言……掌握肢體語言，打造高情商的人際交往術

臉書

作　　　者：趙一
責任編輯：高惠娟
發　行　人：黃振庭
出　版　者：樂律文化事業有限公司
發　行　者：崧博出版事業有限公司
E-mail：sonbookservice@gmail.com
粉　絲　頁：https://www.facebook.com/sonbookss/
網　　　址：https://sonbook.net/
地　　　址：台北市中正區重慶南路一段 61 號 8 樓
8F., No.61, Sec. 1, Chongqing S. Rd., Zhongzheng Dist., Taipei City 100, Taiwan
電　　　話：(02) 2370-3310　　傳　　　真：(02) 2388-1990
律師顧問：廣華律師事務所 張珮琦律師
定　　　價：375 元
發行日期：2025 年 01 月第一版
◎本書以 POD 印製
Design Assets from Freepik.com